加藤尚武・立花 隆［監修］

「現代社会の倫理を考える」2

生命と医療の倫理学

伊藤道哉［著］　第2版

丸善出版

まえがき

初版刊行以来一〇年、世の中は激変した。数々のガイドラインが提示された終末期医療のパラダイムシフト、ノーベル医学生理学賞受賞のｉＰＳ細胞研究の進展、がん対策基本法の施行と緩和ケアの普及、臓器移植法の改正、東日本大震災。諸行無常の社会とともに、生命と医療の倫理もダイナミックに変化した。改訂には、コア部分を活かしつつ、変化を取り込み、未来につながる記述を増補した。医療を志す学生、現場で悩む医療者、医療の受け手たる療養の当事者の方々が、医療政策に、意思決定の道標として本書をご活用いただければ幸甚である。

ふたたび、アルスモリエンディ

ＡＬＳ患者モリー先生の「今日がその日か？　用意はいいか？　するべきことはすべてやっているか？　なりたいと思う人間になっているか？」[1]この覚悟の自問自答と同じ問いかけを実践し、がんでこの世を去ったSteve Jobs（一九五五年二月二四日～二〇一一年一〇月五日）が、二〇〇五年六月一二日、スタンフォード大学の卒業式で行ったスピーチ“Stay hungry, stay foolish.” When I was 17, I read a quote that went something like: “If you live each day as if it was your last, someday you'll most certainly be right." It made an impression on me, and since then, for the past 33 years, I have looked in the mirror every morning and asked myself: "If today were the last day of my life, would I want to do what I am about to do today?" And whenever the answer has been "No" for too many days in a row, I know I need to change something.……

Your time is limited, so don't waste it living someone else's life. Don't be trapped by dogma—which is living with the results of other people's thinking. Don't let the noise of others' opinions drown out your own inner voice. And most important, have the courage to follow your heart and intuition. They somehow already know what you truly want to become. Everything else is secondary.

「私は一七歳のときに「毎日をそれが人生最後の一日だと思って生きれば、その通りになる」という言葉にどこかで出合ったのです。それは印象に残る言葉で、その日を境に三三年間、私は毎朝、鏡に映る自分に問いかけるようにしているのです。「もし今日が最後の日だとしても、今からやろうとしていたことをするだろうか」と。「違う」という答えが何日も続くようなら、ちょっと生き方を見直せということです。（中略）

あなた方の時間は限られています。だから、本意でない人生を生きて時間を無駄にしないでください。ドグマにとらわれてはいけない。それは他人の考えに従って生きることと同じです。他人の考えに溺れるあまり、あなた方の内なる声がかき消されないように。そして何より大事なのは、自分の心と直感に従う勇気を持つことです。あなた方の心や直感は、自分が本当は何をしたいのかもう知っているはず。ほかのことは二の次で構わないのです」(2)

二〇一三年三月　　　　伊藤道哉

目次

第1章　患者の権利、医師の裁量、臨床倫理の原則、チーム医療、医療安全

クリティカルシンキング

【問題】 次の文章を読み、危機的状況下で、その状況を切り抜ける「知」に関して、自由に見解を述べなさい。

ウルトラマンガイアのテーマソングをご存じであろうか。♪ギリギリまで頑張って、♪ギリギリまで頑張って、ピンチのピンチの連続、そんな時、ウルトラマンが欲しい♪。ロザリンダ・アルファロ－ルフィーヴァは「病院でも家庭でもコミュニティでも、医療者は、これまで以上の責任を担い、治療上の判断や意思決定を自立して行うことが期待されている。ほとんど毎日、医療者は新しいことがらを学習したり、大きな変化に適応したりしなければならなくなってきたように思われる。今日の（そして明日の）医療界を生き抜いていくためには、医療者は、クリティカルシンキングの能力を含めた高度な能力を絶えず身につけていかなければならないのであって、この点には疑いの余地がない」と述べる。クリティカルシンキングはまるでウルトラマンガイアのように

危機的状況で頼りになる。

臨床現場で医療者に即時的で倫理的な判断が要求される場面は、修羅場に他ならない。そのような修羅場、土壇場で的確な判断が下せるかどうか。プロとしての力量が問われる正念場である。なるほど日頃の工夫、訓練なしには、するするするっと切り抜けることは至難の業である。このような状況でこそ力を発揮するのが、クリティカルシンキングである。クリティカルシンキングは、創造的思考の必要条件と位置づけられる。リアルタイムで「決める」ことと「生み出す」ことが、クリティカルシンキングの機能である。それを可能にする要素は、次の三つである。

一、問題に対して注意深く観察し、じっくり考えようとする「態度」

二、論理的な探究法や推論の方法に関する「知識」

三、その方法を適用する「技術」

これらを支えるのは何より知的誠実さである。アルファロによれば知的誠実さとは

A. 自分の思考を評価し、誤っているときは認める

B. 他者から誤りを指摘されても自己の信念を保持する

C. 不安がったりせず瞬時に判断ができる

D. 絶えず注意を集中し、明断する

ことである。

クリティカルと語源を同じくするクライシスに、危機、事態の分かれ目、分岐点、病状の峠、のような意味があるとおり、物事を二つに分別する分析的思考がクリティカルシンキングの一面である。しかし、それだけではない。クリティカルには、もう一つの側面がある。それは、クリエイトの積極

性である。新たに物事を創造する、生み出す、ダイナミックな思考である。危機的状況で、それを切り抜け、新境地を開く、誠に胸のすく思考である。

古来先人は、分析的知識では得られない、全体知をも鍛え、重んじてきた。この流れは、ホリスティック・パラダイムとして、医療の面で再評価されるに至っている。部分をいくら寄せ集めても、全体にはなり得ないという当たり前のことから、患者という複雑系を、丸ごととらえる、全存在を癒すホーリズムは、医療のパラダイムとしても重要な役割を果たしている。「察する」「観る」もともに、丸ごととらえる作用を表している。「気がつく」「気がきく」もまた、命の情報に聡いことである。察しが悪い、気が利かないのは、患者側からすれば、ケアの質に大きく関わることである。

アルファロは次のように自己点検を迫る。

「たとえ優れた問題解決能力と臨床判断能力を示すことができたとしても、向上への真摯な欲求、すなわち自らの技術と知識を拡大し、現在の実践をより効果的で効率的なものにしていく方法を見つけようとする真摯な欲求、をもたないなら、クリティカルシンキングという思考法を身につけているとはいえない。

そのような場合は、患者からも、また専門職者として絶えず向上を図り成長していくことの重要さを心得ている同僚からも、置き去りにされるであろう。

クリティカルシンキングをもっと発展的に、かつホーリスティックに定義するなら、最新の研究所見や実践結果をふまえ全力で最善の方法を探る努力であるといえよう」

このように、百尺竿頭に一歩を進める努力こそが、不断に変化する状況にぴったり対応して、その場その場に最もふさわしい役割を演じ切るために必要なことなのである。

危機に際して「変身」する意味も、リアルタイムに状況対応することであり、それができるからこそ「ウルトラ」なのである。

臨床の場は、命と命のやりとりの場であり、真剣勝負そのものである。ウルトラマンガイアのように「リアルタイムの創造知」を学び、「なり切ること」「役割を演じ切ること」を学ぶ時にギリギリでの工夫をわがものとすることができれば、それに勝る喜びはない。その方法の一つが、クリティカルシンキングである。クリティカルシンキングが単に分析するだけの知であると誤解されるならば、シンキングの命は半減どころか、大幅に価値を失ってしまう。

ちなみに「挨拶」の原義であるが、これは出会いの瞬間にお互いの心境を察し合うという意味である。古来禅では、悟りの心境を、時と場所を選ばず、随時点検し合って修行を深め合った。リアルタイムのピアレビューの名残が、挨拶である。「自己を深めて医療者の役割を演じ切る」というクリティカルシンキングの醍醐味を自ら味わっていただきたいと思う。

道元禅師は、「鈍根とは、未だ志の至らざる時のことをいうなり」と喝破している。「大した能力もないぼんくら」。それは、志が定まらない時のことである。いったん、覚悟を決め、一心不乱に邁進すれば、誰でも、その能力を存分に発揮できるようになるのだ。

臨床倫理の原則

患者―医療者関係の深まりや、患者意思決定の支援、医療者間のコンセンサス形成、リスクの共有を目的として、コミュニケーションプロセスにもとづき共感と尊重の念をもって医療を実践することが医の倫理の基本である。

ビーチャム・チルドレス『生命医学倫理の諸原則』（1979, Principles of Biomedical Ethics（Principles of Biomedical Ethics（Beauchamp））Tom L. Beauchamp, James F. Childress, Oxford Univ Pr（Sd）；6th ed. 2008/5/23　麗澤大学出版会；第五版、2009/07）は、自律尊重、無危害、恩恵、正義、の四原則を示した。現在の医療倫理は、生命倫理のなかで医療者の倫理に焦点を合わせている。他方、生命倫理は、環境問題等も含めた「生命」に関する政策や文化、文明論に関する取り組みとして広くとらえられるようになっている。エンゲルハート（Engelhardt, H.: The Foundations of Bioethics, second ed. Oxford. 1996）による二原則は、自律（autonomy）と善行（beneficence）である（http://www.utcomchatt.org/docs/biomedethics.pdf）。

医療倫理の四原則（米国型）

善行・仁恵原則：利益最大化 Beneficence：the promotion of what is best for the patient	患者・家族の利益を最大化させる、医療提供者に課せられた責務
無危害原則：危害最小化 Non-maleficence：avoiding harm	できるだけ危害を加えてはならないという、医療提供者の責務
自律尊重原則 Respect for Autonomy 余計なお世話をしない	自らの医療について、選択する患者の権利を尊重する責務
公平・正義原則：合理的依怙贔屓 Justice	すべての人を公平に治療するため、優先順位を付けて医療資源を適正に配分する責務

四原則の基盤として誠実（Veracity）と忠誠（Fidelity）

誠実（Veracity）の原則とは、「真実を告げる、うそを言わない、あるいは他者をだまさない義務」というものである。人に対して正直であることは、医療現場における信頼関係を構築する上で特に重要である。なぜなら、患者との信頼関係なしに、治療効果やケアの効果を期待することは不可能であるからだ。忠誠（Fidelity）の原則とは、「人の専心したことに対して誠実であり続ける義務」である。忠誠のなかに含まれる専心や献身さ、確約は、医療者と患者間の信頼関係に潜在しており、医療専門職の義務である守秘義務や約束を守ることの基礎となる。

米国型医療倫理の四原則は、ともすれば、自立し自己決定できる個人を前提としており、自己決定が最優先となり、自己決定できない、しにくい患者に対し当てはまりにくい。そこで、弱くあることを尊重する倫理原則を重視する立場として　欧州型四原則「自律 autonomy、尊厳 dignity、不可侵性 integrity、弱さ vulnerability」がある（ＥＵ生命・医療第Ⅱプロジェクト「生命倫理と生命法における基礎倫理的原理」（1995-1998）：生命倫理と生命法に関する「バルセロナ宣言」一九九八年一一月、Final Report to the Commission on the Project Basic Ethical Principles in Bioethics and Biolaw, 1995-1998. http://ec.europa.eu/research/biosociety/pdf/final_rep_95_0207.pdf）。

チーム医療

いわゆるチーム医療は、構成概念であり、医療機関における協働システムとして、様々な様態をとりうる。その定義も様々行われてきた。[2]

厚生労働省は「チーム医療の推進について（チーム医療の推進に関する検討会 報告書）平成二二

年三月一九日を取りまとめ、次のように概念整理を図った。[3]

○　チーム医療とは、「医療に従事する多種多様な医療スタッフが、各々の高い専門性を前提に、目的と情報を共有し、業務を分担しつつも互いに連携・補完し合い、患者の状況に的確に対応した医療を提供すること」と一般的に理解されている。

○　質が高く、安心・安全な医療を求める患者・家族の声が高まる一方で、医療の高度化・複雑化に伴う業務の増大により医療現場の疲弊が指摘されるなど、医療の在り方が根本的に問われる今日、「チーム医療」は、わが国の医療の在り方を変え得るキーワードとして注目を集めている。

○　また、各医療スタッフの知識・技術の高度化への取組や、ガイドライン・プロトコール等を活用した治療の標準化の浸透などが、チーム医療を進める上での基盤となり、様々な医療現場でチーム医療の実践が始まっている。

○　患者・家族とともにより質の高い医療を実現するためには、一人一人の医療スタッフの専門性を高め、その専門性に委ねつつも、これをチーム医療を通して再統合していく、といった発想の転換が必要である。

○　チーム医療がもたらす具体的な効果としては、①疾病の早期発見・回復促進・重症化予防など医療・生活の質の向上、②医療の効率性の向上による医療従事者の負担の軽減、③医療の標準化・組織化を通じた医療安全の向上、等が期待される。

○　今後、チーム医療を推進するためには、①各医療スタッフの専門性の向上、②各医療スタッフの役割の拡大、③医療スタッフ間の連携・補完の推進、といった方向を基本として、関係者がそれぞれの立場で様々な取組を進め、これを全国に普及させていく必要がある。

○　なお、チーム医療を進めた結果、一部の医療スタッフに負担が集中したり、安全性が損なわれたりすることのないよう注意が必要である。また、わが国の医療の在り方を変えていくためには、医療現場におけるチーム医療の推進のほか、医療機関間の役割分担・連携の推進、必要な医療スタッフの確保、いわゆる総合医を含む専門医制度の確立、さらには医療と介護の連携等といった方向での努力をあわせて重ねていくことが不可欠である。

チーム構成員について、医師以外を「コメディカル」と呼び習わしてきたことについても、学会レベルで見直しが始まっており、各医療専門職の名称を用いることが推奨されている。

会告「コ・メディカル」用語の使用自粛のお知らせ

「コ・メディカル」という用語の原則使用自粛について

「「コ・メディカル」という言葉は、一般的には医師以外の医療専門職（看護師、薬剤師、検査技師等）の方を意味する用語として現在広く使用されていますが、この用語には、

（1）意味する職種の範囲が不明確である、

（2）Comedy「喜劇」の形容詞（comedical）と解釈される場合があり和製英語としても不適切である、

（3）「医師とそれ以外」といった上下関係を暗示させすべての医療人が対等に参画することが原則のチーム医療の精神に反する等の問題点が兼ねてより指摘されています。

この点に鑑み、本会においても理事会で本用語使用の是非について慎重に審議を重ねて参りました。

また、本会会員の皆様からもパブリックコメントを公募致しました。その結果、今後、本会での発表

や学会関連の出版物では、この用語の使用を原則として自粛することが本年度の代議員総会で決定されました。以上の方針は、平成二四年の第五〇回学術集会から施行されます。つきましては、平成二四年の第五〇回学術集会からは、本会の発表では本用語の使用は原則として自粛するよう会員の皆様にお願い申し上げます。「コ・メディカル」という用語は使用せずに、薬剤師、看護師、検査技師、放射線技師等といった医療専門職の名称を積極的に使用することが望まれます。平成二四年一月二五日一般社団法人日本癌治療学会 理事長　西山正彦」

日本放射線技術学会も［会告］で「コ・メディカル」という用語の使用自粛について周知した。「厚生労働省でもチーム医療の推進について盛んに議論されていますが、複数の職種の医療従事者が、真の意味で有機的なチームを作るためには、それぞれの職種が相互に敬意を払える土壌をつくることが大切であり、その第一歩として呼称の問題は避けて通れないものと考えます。本学会といたしましても、「コ・メディカル」という総称を用いることを自粛して、医師、薬剤師、看護師、診療放射線技師等の正式名称を使用することを推奨いたします[4]」

日本核医学会も同様である[5]。

チーム医療として、倫理的難問題は担当者一人が抱え込まず、ガイドラインや宣言、法規に則り、倫理委員会の審議を経て解決を図ることが重要である。

医療安全

ベン・コルブ事件（Lesson from Ben Kolb）ベン少年（七歳）は、一九九五年一二月米国フロリダ州のMartin Memorial医療センターで、耳の良性腫瘍摘除術を受けた。「リドカイン（キシロカイン）」

の注射が耳内部に行われて程なく急変、麻酔科医George Mclainが呼び出され、蘇生術が施されたが脳死状態となり、両親の承諾の元、人工呼吸器が取り外されベンは死亡した。看護歴四〇年のリスクマネージャーDoni Haasは、スタッフ全員から手術の実際について詳細な聞き取りを行い、原因究明のため注射器に残った薬液の分析をジョージア大学さらに、ペンシルバニア州の検査施設に依頼した。その結果、薬液はエピネフリン一〇〇〇倍希釈液であることがわかった。MclainとHaasは病院を代表して薬液取り違えの事実をベンの両親に詳細に説明、謝罪した。Martin Memorial医療センターは、取り違えに関わった二名の当事者について一切の処分を行わなかった。また、ベンの死から学んだ再発防止策についても、単に病院内部に周知させるだけではなく、一九九八年一〇月アメリカ医師会の「全米患者安全基金（National Patient Safety Foundation）」との共催で、ベン・コルブ追悼医療過誤防止フォーラムを主催するなど、広く医療界に自らのミスの事実と防止策を公表し続けた。このような医療者の自律的な取り組みとともに、事故調査委員会のあり方について議論が積み重ねられてきた。

世界保健機構（World Health Organization; WHO）は医療安全に関する設計図を公表、WHO DRAFT GUIDELINE FOR ADVERSE EVENTREPORTING AND LEARNING SYSTEMとして出版している（http://www.who.int/patientsafety/events/05/Reporting_Guidelines.pdf）。そのなかで、調査委員会構成のあるべき原則が提言されている。

（1）Confidential ; The identities of the patient, reporter, and institution are never revealed.

秘匿—診療関連死の患者名、報告者（医療従事者）、医療機関は決して第三者に明かされてはならない。

（2）Independent ; The reporting systems independent of any authority with power to punish the reporter or the organization.

独立性―医療安全委員会は、報告者や医療機関を罰する権限を持つ当局者から独立していなければならない。

（3）Expert analysis are evaluated by experts who understand the clinical circumstances and are trained to recognize underlying systems causes.

専門家の分析―診療関連死の報告は、診療関連死が起きた状況を理解でき、かつ問題となっているシステムを把握できるようにきちんと訓練を受けた専門家によって評価されなければならない。

このWHOガイドラインは、先のベン・コルブ事件とその対応、改善策のように、すべてを公表することが困難な医療現場では、現実的対応の原則を示したものとして評価が高まっている[6]。

Non-punitive：報告制度が上手く機能するための最も重要な条件は、制度が懲罰を与えるものであってはならない。即ち、報告者も、他の関与している医療従事者も、報告の結果罰せられてはならない。世論は、医療事故の責任を個人に帰し、「被告人」を罰する方向に圧力をかけるものなので、この条件を実現させるのは最も難しい。報告の個別内容を、秘匿することが、最も良い解決方法である。

Confidential：患者と報告者の個別情報は、第三者には秘匿されねばならない。組織レベルでは、訴訟に利用しうる情報を出すべきではない。

Independent：報告制度は、懲罰を行う権力をもついかなる公的機関からも、また調査結果に利害関係を有する組織からも、独立していなければならない。政府機関のなかでは、報告を受ける組織と、処分を下す組織を峻別することは難しいかもしれないが、報告制度への信頼性を確保するためには、それは必須のことだ。

Expert analysis：医療事故が起きた臨床的な状況をよく理解し、さらにその根底にあるシステムの問題を把握する能力のある、熟練研究者によって、報告は解析される必要がある。政府が運営する報告制度が陥りやすい最大の失敗は、報告を強制するが、それらを解析する人的・物的資源を準備しないことである。専門家の知識・技術が、どのような報告制度であっても、最大の本質的な条件である。

Credible：組織が独立し、さらに十分な専門家が解析に従事することが、この組織の発する改善勧告が受け入れられ、実効性をもつために必要である。

Timely：報告は、迅速に解析され、改善勧告がそれを必要とする医療現場に早急に送付されなければならない。

System-oriented：調査組織が発する改善勧告は、医療従事者個人の行為よりも、医療システム・医療の手技過程・医療機器などに焦点を当てるべきである。これは、一見とんでもない個人的な過誤であっても、医療システムの欠陥によって起きるという考えにもとづいている。このシステムの欠陥が改善されなければ、将来、別な人間によって、同じ過ちが繰り返される。

Responsive：調査組織は、広範な医療制度の変更を求める改善勧告を効果的に発する必要がある。勧告された医療機関は、その改善勧告に従わなければならない。

わが国でも、WHOガイドラインに沿った医療事故対策委員会のあり方が盛んに議論されている。[7]特に、全国医学部長病院長会議は二〇一三年一月一七日の記者会見で、医療事故調査制度の案の策定に着手することを明らかにした。同会議「医療事故対策委員会」の有賀徹委員長（昭和大病院長）

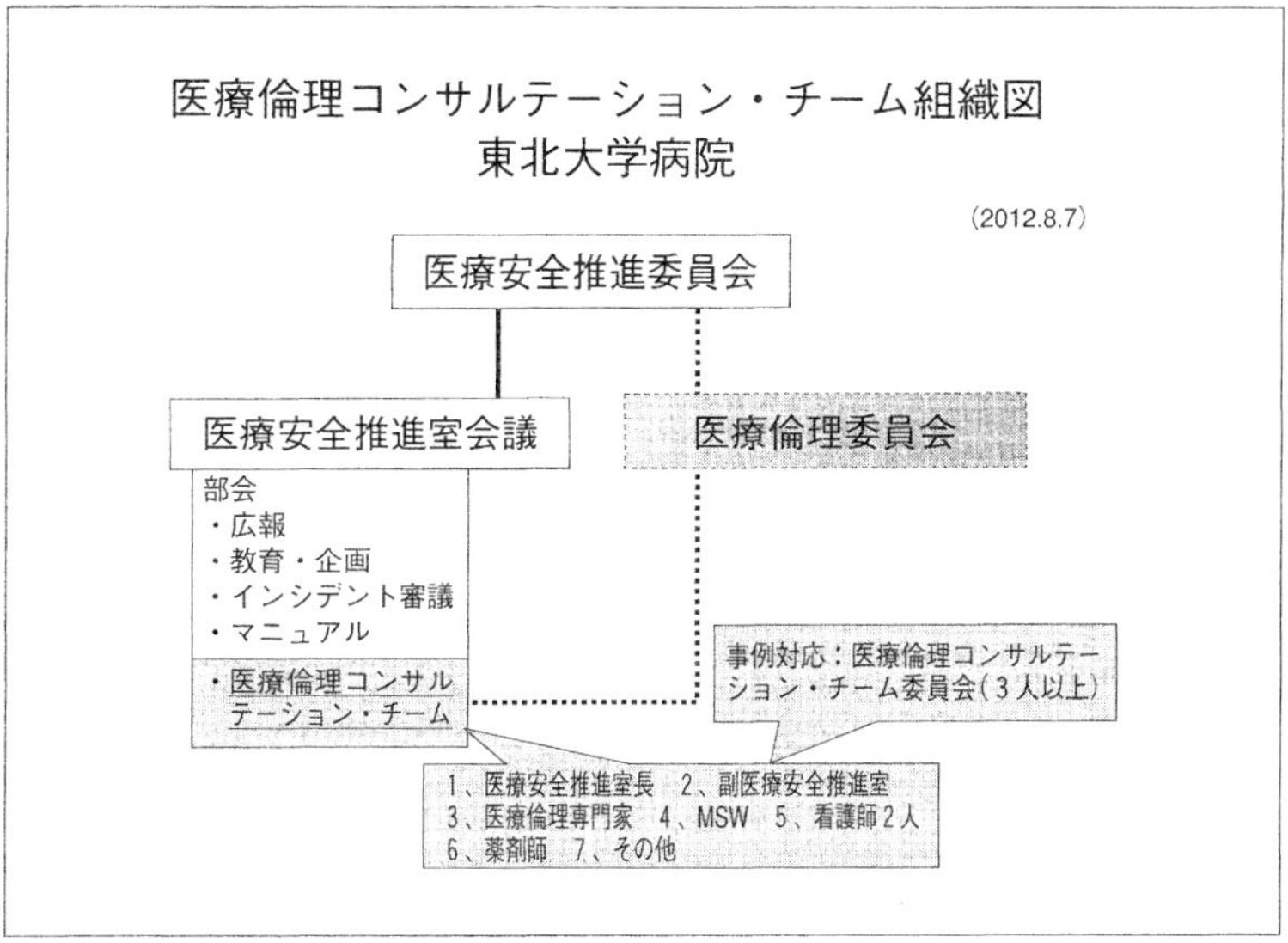
医療倫理コンサルテーション・チーム組織図
東北大学病院
(2012.8.7)
医療安全推進委員会
医療安全推進室会議
医療倫理委員会
部会
・広報
・教育・企画
・インシデント審議
・マニュアル
・医療倫理コンサルテーション・チーム
事例対応：医療倫理コンサルテーション・チーム委員会(3人以上)
1、医療安全推進室長　2、副医療安全推進室
3、医療倫理専門家　4、MSW　5、看護師2人
6、薬剤師　7、その他

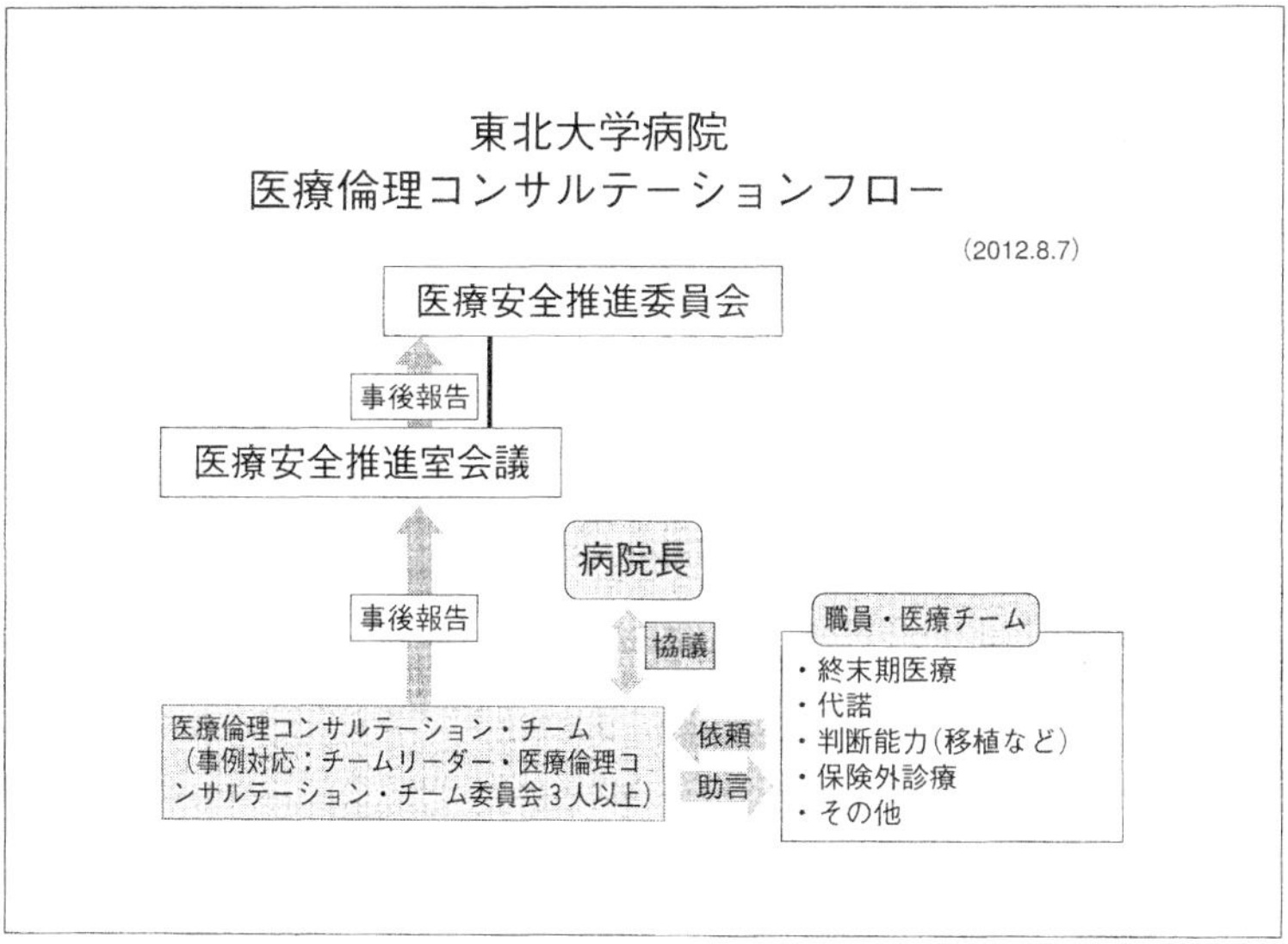
東北大学病院
医療倫理コンサルテーションフロー
(2012.8.7)
医療安全推進委員会
事後報告
医療安全推進室会議
病院長
事後報告
協議
職員・医療チーム
・終末期医療
・代諾
・判断能力(移植など)
・保険外診療
・その他
医療倫理コンサルテーション・チーム
(事例対応：チームリーダー・医療倫理コンサルテーション・チーム委員会3人以上)
依頼
助言

は、三月に案を公表する方針を示した。医療事故調査制度について同会議では、有賀氏が策定に携わった日本救急医学会の案を支持する姿勢を示している。これは、病院内の事故調査委員会がまず原因究明に当たり、遺族か医療者に不服があれば、医療の専門家のみで構成する第三者機関が調査する仕組みであり、WHOガイドラインの趣旨に沿った内容である（http://www.ajmc.umin.jp/25.1.17-1.pdf）。

医療安全の確保は、医療倫理の原則である、無危害原則：危害最小化（Non-maleficence：avoiding harm）の達成のため重要な営みである。

東北大学病院でも、二〇一二年秋から、医療安全推進の一環として、筆者らが医療倫理コンサルテーション・チームを立ち上げ、各種相談に応じている。

コアカリキュラム

文部科学省は、医学・歯学教育の改革を目指して、コアカリキュラムを平成一三年三月二七日に示した。その基本事項を以下に示す。これらの事項は、およそ医療に関わるプロフェッショナルであれば、すべからく承知し、内容を深める努力をなすべき項目であろう。

A基本事項

1医の原則

(1)医の倫理と生命倫理

一般目標：

医療と医学研究における倫理の重要性を学ぶ。

到達目標：

1)医学・医療の歴史的な流れとその意味を概説できる。

2)生と死に関わる倫理的問題を列挙できる。

3)医の倫理と生命倫理に関する規範、ヒポクラテスの誓い、ジュネーブ宣言、ヘルシンキ宣言などを概説できる。

(2)患者の権利

一般目標：

患者の基本的権利を熟知し、これらに関する現状の問題点を学ぶ。

到達目標：

1)患者の基本的権利の内容を説明できる。

2)患者の自己決定権の意義を説明できる。

3)患者が自己決定ができない場合の対処法を説明できる。

(3)医師の義務と裁量権

一般目標：

患者のために全力を尽くす医師に求められる医師の義務と裁量権に関する基本的態度、習慣、考え方と知識を身につける。

到達目標：

1)患者やその家族と信頼関係を築くことができる。

2)患者の個人的、社会的背景等が異なってもわけへだてなく対応できる。

3)患者やその家族のもつ価値観が多様であり得ることを認識し、そのいずれにも柔軟に対応できる。
4)医師が患者に最も適した医療を勧めなければならない理由を説明できる。
5)医師には能力と環境により診断と治療の限界があることを説明できる。
6)医師の法的義務を列挙し、例示できる。

(4)インフォームドコンセント

一般目標：
将来、患者本位の医療を実践できるように、適切な説明を行った上で主体的な同意を得るために、対話能力と必要な態度、考え方を身につける。

到達目標：
1)定義と必要性を説明できる。
2)患者にとって必要な情報を整理し、わかりやすい言葉で表現できる。
3)説明を行うための適切な時期、場所と機会に配慮できる。
4)説明を受ける患者の心理状態や理解度について配慮できる。
5)患者の質問に適切に答え、拒否的反応にも柔軟に対応できる。

2 医療における安全性への配慮と危機管理

(1)安全性の確保

一般目標：
医療事故は日常的に起こる可能性があることを認識し、事故を防止して安全で信頼される医療を提供しなければならないことを理解する。

到達目標：

1）医療事故はどのような状況で起こりやすいかを説明できる。

2）医療事故を防止するためには、個人の注意力はもとより、組織的なリスク管理の重要性を説明できる。

3）事故の可能性を予測し、それが重大事故につながらないシステム（フェイル・セーフ・システム）の必要性を説明できる。

4）医療の安全性に関する情報（成功事例や失敗事例）を共有し、事後に役立てる必要性を説明できる。

5）医療機関における安全管理のあり方（事故報告書、インシデント・リポート、リスク管理者、事故防止委員会、事故調査委員会）を概説できる。

(2) 危機管理

一般目標：

医療事故や潜在的医療事故が発生した場合の対処の仕方について学ぶ。

到達目標：

1）医療事故と潜在的医療事故の違いを説明できる。

2）医療事故や潜在的医療事故の可能性と緊急処置や報告などの対応について説明し、実施できる。

3）医療事故に関連した基本的事項（行政処分、民事責任、刑事責任、司法解剖）を説明できる。

3 コミュニケーションとチーム医療

(1) コミュニケーション

一般目標：

医療の現場におけるコミュニケーションの重要性を理解し、信頼関係の確立に役立つ能力を身につける。

到達目標：

1) コミュニケーションの方法と技能（言語的と非言語的）を説明し、コミュニケーションが態度あるいは行動に及ぼす影響を概説できる。

2) コミュニケーションを通じて良好な人間関係を築くことができる。

(2) 患者と医師の関係

一般目標：

患者と医師の良好な関係を築くために、患者の個別的背景を理解し、問題点を把握する能力を身につける。

到達目標：

1) 患者と家族の精神的・身体的苦痛に十分配慮できる。

2) 患者にわかりやすい言葉で対話できる。

3) 患者の心理的および社会的背景を把握し、抱える問題点を抽出・整理できる。

4) 医療行為が患者と医師の契約的な信頼関係にもとづいていることを説明できる。

5) 患者の要望（診察・転医・紹介）への対処の仕方を説明できる。

6)カウンセリングの重要性を概説できる。

(3)チーム医療

一般目標：

チーム医療の重要性を理解し、医療従事者との連携を図る能力を身につける。

到達目標：

1)医療チームの構成や各構成員の役割、連携と責任体制について説明し、チームの一員として参加できる。

2)自分の能力の限界を認識し、他の医療従事者に必要に応じて援助を求めることができる。

3)保健、医療、福祉と介護のチーム連携における医師の役割を説明できる。

4)地域の保健、医療、福祉と介護活動とそのネットワークの状況を説明できる。

医学教育モデル・コア・カリキュラム（平成二二年度改訂版）、歯学教育モデル・コア・カリキュラム（平成二二年度改訂版）の公表について[8]

①基本的診療能力の確実な習得、②地域の医療を担う意欲・使命感の向上、③基礎と臨床の有機的連携による研究マインドの涵養の観点から、「医学教育モデル・コア・カリキュラム」の改訂が行われた。

医学教育モデル・コア・カリキュラム―教育内容ガイドライン―平成二二年度改訂版

医師として求められる基本的な資質として以下が明示された。

（医師としての職責）

・豊かな人間性と生命の尊厳についての深い認識を有し、人の命と健康を守る医師としての職責を自覚する。

（患者中心の視点）

・患者およびその家族の秘密を守り、医師の義務や医療倫理を遵守するとともに、患者の安全を最優先し、常に患者中心の立場に立つ。

（コミュニケーション能力）

・医療内容をわかりやすく説明する等、患者やその家族との対話を通じて、良好な人間関係を築くためのコミュニケーション能力を有する。

（チーム医療）

・医療チームの構成員として、相互の尊重のもとに適切な行動をとるとともに、後輩等に対する指導を行う。

（総合的診療能力）

・統合された知識、技能、態度にもとづき、全身を総合的に診療するための実践的能力を有する。

（地域医療）

・医療を巡る社会経済的動向を把握し、地域医療の向上に貢献するとともに、地域の保健・医療・福祉・介護および行政等と連携協力する。

（医学研究への志向）

・医学・医療の進歩と改善に資するために研究を遂行する意欲と基礎的素養を有する。

（自己研鑽）

・男女を問わずキャリアを継続させて、生涯にわたり自己研鑽を続ける意欲と態度を有する。

歯学教育モデル・コア・カリキュラム―教育内容ガイドライン―平成二二年度改訂版(9)

国民の歯科保健をあずかる歯科医師の社会的な責任は重い。全ての歯科大学・歯学部は、質の高い歯学教育を実践し、国民が安心して受診できる歯科医師を育成することが社会全体から求められている。歯科大学・歯学部における臨床実習は、指導医の指導のもとに、直接、患者に対して歯科治療を行うもので、とりわけ、卒前歯学教育の総まとめともいえる診療参加型臨床実習は、直接に患者と接することにより、患者の全人的理解、患者に対する責任感、歯科医師としての倫理観、あるべき態度や価値観を培い、基本的臨床技能と知識を習得し、実習の場を通じてそれらを調和させ、さらに科学的思考能力と問題解決能力を養う等、医療人としての基盤を構築することを目的とする重要な教育段階である。

これらの基本事項を押さえて、本書ではまず、患者の人権を守るということから論を進めてゆきたい。

患者の人権

患者の人権について、まず、日本国憲法に典拠を確認しておきたい。

(1)個人の尊厳

「すべて国民は、個人として尊重される。生命、自由及び幸福追求に対する国民の権利については、公共の福祉に反しない限り、立法その他の国政の上で、最大の尊重を必要とする」（日本国憲法第一三条）

これを医療に適用すると、①人格の尊重：プライバシーの尊重、②幸福追求権：クオリティ・オブ・ライフ（QOL）の向上、③自己決定権：インフォームドコンセント（Informed Consent）の確保、ということになろう。

(2) 平等権

「すべて国民は、法の下に平等であって、人種、信条、性別、社会的身分又は門地により、政治的、経済的又は社会的関係において差別されない」（憲法第一四条）

これを医療・福祉に適用して、ノーマライゼーション：患者の社会参加学校や社会における患者の差別の撤廃を推進してゆくことが必要である。

(3) 奴隷的拘束及び苦役からの自由

「何人も、いかなる奴隷的拘束も受けない。又、犯罪に因る処罰の場合を除いては、その意に反する苦役に服させられない」（憲法第一八条）

これは、①奴隷的拘束：介護放棄、寝かせきり、②苦役からの解放：障害者の更生と個性の尊重、ということである。

自己決定と自律性

自己決定の尊重は、自律性の尊重に他ならない。自律性（autonomy）という言葉は、古代ギリシャ語の自己（autos）と規律（nomos）に由来し、ポリスにおける自己統治を意味していた。やがて道徳哲学で、個人の自己統治を意味するようになり、よくわきまえて自らを律しながら、他人による支配的干渉と、個人の選択を妨げるような制約から自由になることを指すようになった。また、この自己統治能力が、人を他の動物と区別できる要因であり、人間相互の尊重の源であると考えられていた。

また、自己決定権は、自己に対する決定をなす権利でもある。その典拠は、わが国では憲法第一三条前段「すべて国民は、個人として尊重される」にある。この権利は、安楽死、治療拒否といった生死に関わる行為、ヘルメットやシートベルトの着用といった危険な行為、服装、身なり、結婚・離婚といったライフスタイルなど、個人の生存に不可欠なことを公的権力から介入・干渉を受けずに自ら決定する権利である。このように自己決定権は、幸福追求権の内実をなすが、公共の福祉のために制限が加えられる場合がある。

医療者の役割転換

⑴患者とのリスクの共有と医療行為のリスク管理

医療に先立ってインフォームドコンセントをコミュニケーションプロセスとして確保することは、医療に関わるリスクを患者とともに共有していくことに他ならない。このことは、今まで医療行為に存在する潜在的危険性を患者に対して開示してこなかった医師を筆頭とする医療者にとって新たな課題であると同時に、「おまかせ医療」の名のもとに自己決定に伴う責任を回避してきた患者にとっても今までには考えられなかった新しい事態を生み出している。

まさに、インフォームドコンセントは、医療者と患者の間にリスクと責任を共有し合う新しいパートナーシップを要求しているといえる。この新しい状況については、藤崎の優れた論考がある。[10] それにもとづきつつ、患者と医療者との新しい関係について次に概説する。

(2) 患者への医療情報開示をめぐる三つの流れ

医療情報開示に向かう流れは三つの潮流がある。①患者のもつ個人情報コントロール権、②医師のインフォームドコンセント確保義務、③患者–医療者コミュニケーション改善の三つである。

①患者のもつ個人情報コントロール権……まず最初の「患者のもつ個人情報コントロール権」であるが、行政や自治体の情報公開の流れのなかで、個人に関する行政情報が本人の許可なく一人歩きすることを防ぐとともに、その情報を当該する本人に対して開示していこうというものである。自治体の情報公開条例などにもとづいて行われているカルテ開示等は、この流れのなかにあるものである。簡単にいえば、自分に関する個人情報は本人が知ることができ、かつ本人の管理下にあるとする考え方である。個人情報に関するコントロール権はその当事者である本人に属し、患者本人が希望すれば自らのカルテを見ることができるといった「カルテに対する基本的アクセス権」を保証しようという考え方である。

②医療者のインフォームドコンセント確保義務……二番目は「医療者のインフォームドコンセント確保義務」である。患者の自己決定を前提とした上で、そのために必要な情報は事前に十分に伝えられる必要があるとするものである。

患者との権利義務関係の点からいっても、個人情報開示の方は、患者の側が求めた際に保証されるべき権利としての側面が強いが、インフォームドコンセントは医療行為に先立って医療者側が確保すべき義務あるいは前提条件という側面の方が強い。

③患者‐医療者コミュニケーション改善……三番目の流れは「医療を人間化していく一手段としてのコミュニケーション改善」のなかでの情報開示の取り組みである。医療者の「善意」や「想い」がちゃんとした結果に結びつくためには、傾聴や受容・共感といったしっかりしたコミュニケーションスキルの裏づけが必要なのである。

(3) 患者を傷つけてしまったときの責任のとり方

①まず謝る……患者を傷つけてしまったとき、まず最初に必要なことは「申し訳ありませんでした」と患者に謝罪することに他ならない。また、多くの医療訴訟において被害者原告たちが、決して多くない損害賠償金をめぐって長い年月にもわたる裁判を闘う大きな理由として、一言だけでも医師たちに謝罪してほしかったということがあげられてもいる。なぜ医師たちは、素直に患者を傷つけてしまった事実を認めて、謝罪することができないのだろうか。

②コントロール不全恐怖症……患者に思わしくない事実を告げて、謝罪することができない大きな理由は、医師のもつ「コントロール不全恐怖症」というメンタリティの存在である。

そしてこの「コントロール不全恐怖症」のために、患者の陥った思わしくない現実を直視すること自体が、医師にとっては心理的につらい作業となり、できれば医師自身が患者の現状を直視したくない気持ちになっていたりする。ある意味で「患者が傷つくような事態」は、医師にとって最も見たくない現実であり、その心理的防衛の結果として医師が患者に対して事実を告げ謝罪することが困難になったとしても、それほど不思議ではない。

③科学者・技術者モデルから援助者モデルへ……近代医学が今日の診断治療能力を獲得してきたの

は、科学者・技術者モデルのおかげである。科学者・技術者モデルとは、「実験室モデル」であり、実験ゲージのなかで行われる実験を、医師は第三者の高みから客観的に観察し、介入するというモデルである。

新しい医療の援助者モデルは、健康や闘病の主体であり、自己決定の主体である患者を、専門職がその専門性にもとづいて援助しようというモデルである。科学者・技術者モデルでは観察対象でしかなかった患者は、主人公である。この患者–医療者関係の変化は、三人称、他人事の関わりから、二人称の関わりへの変化ととらえてもよい。患者や家族との連帯、そしてスタッフとの連携、つまりは患者を中心としたチーム医療の体制が確立してはじめて、医療者は新しい時代の援助者となり得る。

④**セカンド・オピニオン**……主治医以外の医師から、治療方針について率直なアドバイスを受けるセカンド・オピニオンも発展途上の意思決定プロセスである。セカンド・オピニオンを他の医師に求めたら主治医のメンツをつぶすのではないか。セカンド・オピニオンを得たものの、医師同士の意見が対立してしまった場合に、どのようにして自己決定をすべきなのか。セカンド・オピニオンの受け方の標準化も新たな課題である[11][12]。

未成年者の自己決定

自己決定権の尊重は、法的成人として、理解力・判断力・意思決定能力を有する人格にとって保障される権利であるが、未成年等の理由で、判断能力に欠ける場合であっても、その権利を尊重して、代諾等の配慮を慎重に行う必要がある。

例えば、発症前遺伝子検査・診断等、未成年者に対する自己決定能力成立を待っていたのでは、本人の利益が著しく阻害される場合に、パターナリズムともいうべき代諾者の決定にゆだねる場合があり得る。その際に特に留意すべきは以下の点である。

遺伝子検査の対象者および研究対象者の選定においては、遺伝子検査が治療・予防・疾患の解明など明らかな医療上の利益をもたらすものか否か、治療や予防方法の有無、ならびに対象者の年齢、同意能力などを比較考量し、遺伝子検査のための試料の提供を求めることの適否が慎重に検討されなければならない。判断・同意能力の点で一般成人と同一に扱うことが困難である者について代理人の依頼によって遺伝子検査を行うことが考えられる場合、診断後の治療や予防的措置など、検査対象者本人に直接の医療上の利益が予想される場合を除き、原則として遺伝子検査・研究の対象としてはならない。発端者の診断を確定する、コントロール試料を得るなどの目的で家系内もしくは家系以外の個人を対象とするときなど被検者本人に期待される利益がほとんどない場合でも、被検者本人にその旨も含めて必要事項を説明し、同意を得なければならない。

第2章
告知、インフォームドコンセント

【問題】末期がん患者C氏の主治医A医師は、淡々と病名・病態を告げた。「Cさん、今から、あなたの病気についてインフォームドコンセントをさせてください。正直に申し上げます。あなたは、治癒の見込めない末期のがんです。残念ですが治療的には何もできることはありません。予後は正確には申し上げられません。残り少ない日々を、退院されて過ごされてはいかがでしょうか。云々」。A医師の行動について、自由な考えを述べよ。

告知とインフォームドコンセント

いわゆる丁寧なムンテラ（mundtherapie：療法説明）、柔らかな告知がインフォームドコンセントであるかの誤解がある。しかし、コンセントを与えるのは患者であり、インフォームドコンセントの主語は患者に他ならない。医療側がインフォームドコンセントをするのではない。また、告知は、患者の理解度、受容の程度に拘わらず、医療者側が一方的に情報を患者に対して丸投げするものであり、情報のやりとりにもとづく共同の意思決定プロセスであるインフォームドコンセントとは異なる。

医師の説明義務の法的根拠

法的には、本人に告知がなされるべき根拠として、①患者の自己決定権（憲法第一三条、民法第七〇九条）、②医師の説明義務（民法第六四四条、医師法第二三条）、③医療における信頼関係（医療法第一条の二）があげられる。

ただし、「自己決定能力」のない者には、告知しなくてよい場合もある。「自己決定能力」のない者とは、①子供、②精神障害者、③その他、高齢者など肉体的・精神的に衰弱している人をいう。

医師の説明義務は、法的性質の相違から、三つに分類することができる。

(1)「患者の自己決定権」にもとづく説明義務

患者は、医療を受けるか否かを選択し、決定する権利を有するとともに、その内容についても選択し、決定する権利を有する。この権利は、憲法が保障する「基本的人権」の一部である（憲法第一三条）。したがって、医師は「患者の自己決定権」を尊重し、患者が的確な判断ができるように、医療の内容について十分に説明する義務を負う。この義務に違反した場合は、患者の人格権の侵害として、刑事責任ならびに民事責任（不法行為責任としての損害賠償責任）を追及されることになる。

(2)「診療契約」にもとづく説明義務

医師は、診療契約の当事者として、相手方である患者またはその家族に対し、当該診療契約の内容について説明する義務を負う（民法六四四条、六四五条）。特に、治療方法が危険を伴うような場合には、あらかじめ十分な説明が必要である。このような説明を怠った場合は、契約違反（不完全履行）として、あるいは、「信義則」違反として、民事責任（債務不履行責任としての損害賠償責任）が追及されることになる。

(3)「医師の職務」にもとづく説明義務

医師法第二三条は、「医師は、診療をしたときは、本人またはその保護者に対し、療養の方法その他保健の向上に必要な事項の指導をしなければならない」と定めており、この「保健指導義務」に医療内容についての「説明義務」も含まれると解することができる。したがって、医師がこの説明を怠ったために損害が発生したというような場合は、安全配慮義務違反として、民事責任（不法行為責任としての損害賠償責任）が追及されることになる。

医療行為の適法性

たとえ、医療行為であっても、(1)医学的適応性、(2)医療技術の正当性、(3)患者の同意という必要条件を一つでも欠くときは「正当行為」とはみなされず、違法となる。

(1)医学的適応性

医療行為は、患者の生命および健康の維持・増進を目的とし、その内容も医療行為として客観的な適応性を有するものでなくてはならない。つまり、医学的に必要性がない行為はたとえ医療行為として行われても違法ということになる。したがって、例えば、医学的に見て不必要な検査や手術・投薬は違法になる。

(2)医療技術の正当性

医療行為は、医学的に正しい方法で行われないと違法になる。何が「医学的に正しい方法」かは、当時の「医療水準」に照らして判断される。

(3) 患者の同意

医療行為は、原則として、患者の同意がないと違法になる。医師は、患者に治療の内容や方法、危険性等を十分に説明し、患者の同意を得た上でないと、治療をしてはならない。

医療行為は、多くの場合、患者の身体に対する侵害（医的侵襲）を伴うが、その侵害が、正当な医療行為として違法性を阻却するためには、患者の同意が必要不可欠な条件であり、患者の同意を欠く場合は、違法な行為として刑事責任および民事責任が追及されることになる。また、「患者の同意」があったとされる場合でも、虚偽の説明がなされたり、説明として十分でなかった場合には、有効な同意があったことにはならない。

インフォームドコンセントの法理

インフォームドコンセント（Informed-consent＝ＩＣ）をその原意に立ち返って考えてみよう。先ず、In-form-edとは「頭のなかに」「かたち」「づくられた」すなわち「ハハーン、なるほどこういうことだな、と概念化された」「イメージがわいた」「理解した」「納得した」「言語表現が可能なまでに馴染んだ」の意味である。能動態ではKnowingであり「熟知の上で」「知り尽した上で」「知悉後の」という意味になる。もちろん主語は患者である。次に、con-sent であるが、con-sentire「ともに」「心をかよわすこと」「意思を同じくするべく考えをすり合わせること」である。中国語では「知悉同意」と翻訳されている。ＩＣするのは患者であり、医師がするのではない。丁寧にムンテラすることをＩＣするといってはばからない医療関係者がいるが本末転倒も甚だしい。**【問題】**のＡ医師は、自分がインフォームドコンセントを行うものと勘違いしている。

また、インフォームドコンセントを、丁寧な告知と誤解している医療関係者も多いが、告知のような一方的情報の丸投げではなくICは双方向のコミュニケーションのプロセスである。イベントとして説明のしっぱなしは、心的トラウマを放置するに等しく無責任である。国際連合総会決議精神病者の保護および精神保健ケア改善のための原則では、「ICとは威嚇又は不適当な誘導なしに、患者が理解できる方法及び言語により、適切で理解できる情報を患者に的確に説明した後に、自由に行われる同意をいう」とあり、一般成人と同様には意思決定能力をもたない精神病患者等、認知能力、意思決定能力を欠く場合にこそ家族等代理人に懇切丁寧な説明が必要不可欠であり、代諾が必要となる。WHOヨーロッパ会議の宣言では、「患者が与えるインフォームドコンセントはあらゆる医療の必要条件であること」を明言しており、「知る権利」は「知らないでいたい権利」に勝ることを謳っている。

また、一方的に「病名」を伝えること、「病状」を説明すること、「治療方法」を説明すること、「治癒の見込みがない」ことを伝えること、「余命」を伝えることは、癒す力、治る力を奪う医療の呪い効果を生む。したがって、治癒の見込みがなくとも、治療法が尽きても、医療の支援が引き続いて受けられるということを伝えてゆく必要がある。インフォームドコンセントとは、ある治療行為を行うかどうかの選択権を有する法的成人（患者もしくは代理人）が、その治療法の危険性および有効性について、十分な知識を得、理解した上で、強制されることなく自ら進んで決断し、治療法の実施に同意したことを意味している。その目的は、患者が自発的に治療法を選択できるようにすること、患者を保護すること、責任ある治療行為を保証すること、不当な医療が行われるのを避けることなどである。ICはあらゆる医療行為の必要条件である。患者がはっきり「知りたくない」と要求した場合にのみ、「知らされない権利」が発生する。「知りたくない」と明示的に要求しない限り、常に患者の「知る権利」が優先する。

医療従事者・研究者と患者・被検者との間のコミュニケーションのプロセスを前提としており、単に医療行為の説明をしたり、治療や検査に対する同意を得ることのみを指すものではない。

医療従事者・研究者は、患者・被検者が医療措置を受けるかどうか判断するのに必要な情報を、理解できる言葉で説明しなければならない。患者・被検者は、納得のいくまで質問し、内容を理解した上で、医療措置を受けるか否かを自由意思によって決定し、この自己決定は最大限尊重されなければならない。

悪い知らせを伝える

"How to break bad news", Robert Buckman[2]

この本は、臨床における実践を念頭に置きながら、非常に具体的に記るされた〝コミュニケーションの教科書〟といってもよい本であり、多数の国で翻訳されている。文字どおり、臨床コミュニケーションのバイブルである。

著者のR・バックマン博士は、「悪い知らせを伝えることは、医療者の職務の重要な部分である。それは、学ぶことが可能な技術である。そして、多忙な臨床現場において利用することが可能である」と述べる。そのとおりプラクティカルな本である。また博士には『死にゆく人と何を話すか』(メヂカルフレンド社)という名著がある。

この本には理解を助けるための工夫が随所に凝らされている。各章の要約が実に効果的である。例えば、「患者の反応に関して、主要な二〇種類について記載しているが、そのなかでおそらく最も一貫して有用な助言としては以下のものがある。もし患者が泣き出したら、ティッシュかハンカチを差し出すようにする」[2]とあり、筆者はこれで安心するのである。さらに本書には、「ティッシュかハンカチを差し出す。これは必要不可欠である。診察室や面談室に、常にティッシュが備えられているようにしなさい。もし切れていたら、患者にハンカチを持っているかどうかを尋ねなさい。もし持っていなければ、取りに行かせなさい。このことほど役に立つことはない。ティッシュかハンカチを差し出すことにより、四つのことが達成される。第一は、患者に泣いてもよいということを、伝えることになる。第二は、患者の顔を整えて、元に戻す手段を提供することになる。鼻水をどうすることもできないままでは、まともに話をすることはできない。また、顔の一部を隠すことができる。第三は、自分が当惑しているときに、そうすることにより、何かをすることができる。第四は、それは同時に、患者により近づくことができる」[3]とある。

さらに、ポイントや症例も多数盛り込まれており多忙きわまる医療者が、飛ばし読みだけでも、コミュニケーションプロセスのエッセンスを理解することができるようになっている。

原著者らは長年にわたる臨床と教育における経験をもとにして、この本を執筆した。トロント大学において「悪い知らせを伝える」講座を主催して久しい。そもそもの執筆動機は、実践的かつ総括的な教科書を切望する学生達の熱意であった。本書が提示するガイドラインは、臨床現場ですぐに実践できるものである。①日常の臨床において実践的かつ有用である、②首尾一貫した原則にもとづいている、③わかりやすい、④教えることができる、⑤学ぶことができる、という特長がある。

情報と選択に関する患者の権利の高まりとともに、医療者が診断、予後を患者に説明するため、膨大な時間を費やすことが求められている。病気が治療可能な時に比べ、患者に知らせる情報が悪いものであり深刻であればあるほど、より濃密なコミュニケーションプロセスが患者に必要となる。悪い知らせを共有することは医療者のプロとしての役割である。[4]

コミュニケーションのなかでもがんの患者に悪い知らせを伝えるのは、とりわけ難しいこととされている。米国臨床腫瘍学会（ASCO）では公式の教育プログラムに含まれるテーマである。日本でもがん対策基本法が施行され、厚生労働省の委託事業としてサイコオンコロジー学会の協力のもと、医療研修推進財団がコミュニケーション技能訓練講習会を主催するなど、問題意識が高まりつつある。主要なツールを紹介する。

(1) SPIKES
—A Six-Steps Protpcol for Delivering Bad News : Application to the Patient with Cancer[5]
—悪い知らせを伝える際の六段階のプロトコル—：癌患者への応用[6]

本プロトコルは六段階で構成されており、その目的は、悪い知らせを伝える際に医師が四つの最重要課題（①患者から情報を得ること、②医療情報を教えること、③患者を支援すること、④将来に向けた指針や治療計画を立てる際に患者に協力してもらうこと）を実践できるようにすることである。本プロトコルを学んだ腫瘍学者、腫瘍学の研究生、および医学生は、患者にとって望ましくない医療情報を伝える能力により自信をもてるようになったと報告している。

S：Setting（伝える環境づくり）
P：Perception（相手がどこまで理解しているか）
I：Invitation（相手が知りたがっているか）
K：Knowledge（相手への情報提供）
E：Emotion（相手の感情への配慮）
S：Strategy and Summary（方針の決定とまとめ）

S：Setting（伝える環境づくり）で重要なこと

実際の設定状況によっては、慎重を要する問題点についての面談がうまく進まずに四苦八苦することがある。見かけ上でもプライバシーが保たれていなければ、また、話が脱線することなく集中した議論につながるような状況設定でなければ、面談の目的は達せられないであろう。役に立つガイドラインをいくつか以下に述べる。

・プライバシーの保護。面談室が理想ではあるが、利用できない場合、患者のベッドの周囲にカーテンを引く。患者が動揺した場合のために、ティッシュペーパーを用意しておく。
・重要な人物の関与。多くの患者は誰かに傍にいてほしいと願うが、それは患者本人が選択すべきである。多くの家族がいる場合、患者に代表者を一、二名指名してもらう。
・座る。座ることで患者は落ち着く。またこの行為はあなたが慌てていないことを示すサインでもある。座ったら、あなたと患者との間に障壁を作らないようにすること。患者を診察した直後であれば、話をする前に衣服を身に着けてもらうこと。

・患者と接点をもつこと。患者と目を合わせ続けるのは心地悪いかもしれないが、信頼関係を築くには重要な方法である。患者の腕に手を置いたり、手を握ったりする行為（患者が不快に感じなければ）は、信頼関係を築くためのもう一つの手段である。

・時間の制約や中断に対処する。時間制限があること、および中断する可能性があることを患者に伝えること。ポケベルをサイレント状態にするか、あるいは呼び出しがあった場合は同僚に対応してもらうこと。

E：Emotion（相手の感情への配慮）で重要なこと

患者が抱く感情に対応することは、悪い知らせを告知する際の最も難しい課題の一つである。患者の感情は、沈黙から疑い、涙、否定や怒りまで様々である。

患者が悪い知らせを伝えられたとき、その感情的反応は、ショック、孤独感、悲しみとして表れる場合が多い。このような状況では、医師が共感を込めて対応することによって、患者を支えたり、連帯意識を与えたりすることができる。共感を込めた対応の仕方は下記の四段階からなる。

・第一に、患者の立場に立って、あらゆる感情を観察すること。患者の感情には、涙を浮かべること、悲しげな表情を浮かべること、沈黙やショックなどがある。

・第二に、患者が抱いている感情を自分のなかで言語化することにより確認すること。患者が悲しげにみえるのに沈黙しているのであれば、自由回答式の質問を用いて、考えていることや感じていることについて患者に尋ねる。

・第三に、感情の理由を特定すること。これは悪い知らせと関連することが多い。しかし、確実ではない場合、再度、患者に確認すること。

・第四に、気持ちを表現するために患者に少し時間を与えた後、どうしてそのような感情を抱いたか理由を理解できているということを、分かりやすい言葉を用いて患者に伝えること。例を以下にあげる。

医師：残念なことに、レントゲン検査から化学療法が上手くいっていないことがわかりました［一呼吸おく］。申し上げにくいことですが、腫瘍はいくらか大きくなっています。

患者：そうなることを心配してたんです！［涙］

医師：［患者が座っている椅子に近づき、ティッシュペーパーを手渡す。その後、一呼吸おく］。あなたがこの知らせを聞きたくなかったことはよく分かります。私ももっと良い知らせをお伝えしたかった。

上記の会話で、医師は患者が泣いているのを観察し、悪い知らせが原因で泣いているのだと確信した。医師は患者の傍に寄り添った。この時点で双方が不快でなければ、患者の腕や手に触れてもよいであろう。その後、一呼吸おいて、患者を落ち着かせる。理解していることを表すような文句を述べることにより、患者が動揺した理由を理解している旨を伝えた。

感情が収まるまでは、他の問題について議論することは難しいであろう。感情がすぐに収まらない場合、患者が落ち着くまで共感を込めて対応し続けるとよい。また、医師は自身の悲しみや他の感情（「私も、もっと良い知らせだったらよかったのにと思います」）を伝えるために共感を込めた対応手段を用いることができる。共感を込めた反応に続いて、そのような感情を抱くのは無理もないと確認するような言葉をかけることは、患者を支えていると示すことになるであろう。

また、患者が沈黙のままである場合など、感情がはっきりと表されない場合、医師は共感を込めて対応する前に、探索的な質問をしてみるべきである。感情が、微妙な場合または間接的に表わされた場合、あるいはわずかに覆い隠された落胆や怒りである場合も（例：「つまり、また化学療法で苦しまなければならないのですね」）、共感を込めて対応するとよい（例：「これがあなたを動揺させるニュースであることを承知しています」）。患者は腫瘍専門医を最も重要な精神的支えの一つであると考えており、共感を込めた表現、探索的表現、そして確認するための言葉を組み合わせて用いることは、そのような支えを提供する上で最も有用な方法の一つである。その結果、患者の孤独感を減らし、連帯感を表すことができ、さらに患者の抱く感情や考えが正常であり、当然のものであると証明することができる。

(2) SHARE[7]

SHAREとは、Supportive environment（サポーティブな環境設定）、How to deliver the bad news（悪い知らせの伝え方）、Additional information（付加的情報）、Reassurance and Emotional support（安心感と情緒的サポートの提供）の四つの頭文字をとったもので、実際の面談は、①面談の準備→②面談の開始→③悪い知らせを伝える→④悪い知らせを伝えた後、⑤面談のまとめ、という順で進められる。すべてではなくても、使えそうなところでSHAREプロトコール例のうちの一つでも二つでもスキルを取り入れるように試みることが大切である[8]。

S：Supportive environment（支持的な場の設定）
H：How to deliver the bad news（悪い知らせの伝え方）
A：Additional information（付加的な情報）

RE：Reassurance and Emotional support（情緒的サポート）

新潟県立がんセンター新潟病院今井洋介医師は，「SHAREプロトコール」について概説するとともに，「伝えたい内容を単に言語的に発したからといって，それを患者と共有しなければ，伝わったとは言えない。」として「病院としてのインフラ整備を真剣に考慮するとともに，医師と看護師が同様の価値感と緊張感をもって，医師―患者間のコミュニケーションの達成に臨む姿勢を再確認することが急務である。看護師の立ち会いには，①説明内容の記録，②患者の理解度の確認と，医師へのフィードバック，③説明終了後の患者の動揺，悲嘆へのケア，といった計り知れないメリットがあることは自明である。しかしながら，基本的に，悪い知らせは，医師―患者間において伝達されるものであり，看護師は，その達成を陰日向になって支える，いうなれば縁の下の力持ち，といった存在であることを忘れてはいけない。面談の開始前に，同室することの重要性を患者サイドに説明し，理解していただく必要がある」とチームでの対応，協働の重要性を指摘する。[9]

SHAREのなかでも最も重要なReassurance and Emotional support（安心感と情緒的サポートの提供）の会話の例を引用する。[10]

- 患者の気持ちを探索する（例えば，「今どのようなお気持ちですか？」」，「非常に残念というお気持ちでしょうか？」）
- オープン・クエスチョンを用いて，患者の気がかりや懸念を聞きだす（例えば，「ご心配なことは何ですか？」」，「一番気がかりなことはどのようなことですか？」）
- 共感（優しさ，思いやり）を示す

- 患者が感情を表に出しても受けとめる（例えば、沈黙をとる、患者の気持ちを自分の言葉で言い換える「眠れないというのはつらいですね」）
- 悪い知らせによって生じた気持ちをいたわる言葉をかける（例えば、「つらいでしょう」、「混乱されたでしょうか」、「驚かれたことでしょう」など）気持ちに配慮する
- 患者の気持ちをやわらげる言葉をかける（身近なことや時候の挨拶、患者の個人的な関心事などに触れる「ずいぶんお待たせしました」、「最近寒いですが風邪をひいたりしていませんか？」「暑い日が続いていますが、夜は眠れていますか？」など）
- 患者が心の準備をできるような言葉（例えば、「大切なお話です」、「残念ですが」、「少し残念なお話しをしなければならないのですが」、「お時間は十分ありますか」、家族の同席を勧める）をかける
- 明確に伝えるために「がん」という言葉は一度は用いるべきだが、非常に侵襲的な言葉であるため、二回目以降は「がん」ではなくて「腫瘍」、「病気」という言葉を用いる。その他注意する言葉の例としては、「ホスピス」は「○○病院（具体的な病院名）」、「緩和ケア医」は「痛みの専門家」、「末期」「終末期」は「病期」、「生存」は「治療が効いた」、「死ぬ」「死亡」は「心臓が止まる」「呼吸が止まる」「息が止まる」など
- 個々の検査の内容や結果、最終的な判断に至る情報を小分けにして、順を追って、段階的に、患者の気持ちを確認しながら伝える
- 患者が希望をもてるように伝える（例えば、「がんをやっつける治療よりも、痛みをとる治療に重点をおきましょう」など抗がん治療以外にも可能な医療行為があることを伝える、現状の対策

について伝える）

☞患者が希望をもてる情報も伝える（例えば、「幸い骨には転移はありません」、「痛みはとれましたね」）

☞悪い知らせを伝えた後、患者の気持ちを支える言葉（例えば、「大丈夫ですよ」、「一緒にやっていきましょうね」など）をかける

☞最後まで責任をもって診療にあたること、見捨てないことを伝える（例えば、「私たち診療チームはあなたが良くなるように努力し続けます」、「ご希望があればいつでも相談にのります」）

家族への配慮

☞家族の方にも時折視線を向ける

☞理解や質問を確認する（例えば、「ご家族もご理解いただけましたか」、「質問はありませんか？」など）

そのほかにも参照すべき実用ツールがあるので、参照されたい。

①NCI（米国国立癌研究所）パンフレット『進行してしまったがんと向き合うために』[11]

②国立がん研究センター東病院臨床開発センター　精神腫瘍学開発部監修 がん患者さんとのコミュニケーションQ&A第二版

③がん患者さんとのコミュニケーション[12]

④米国臨床腫瘍学会は、進行癌のコミュニケーションのあり方について声明を発表し、対話を重ねるためのパンフレットを用意した。その日本語訳も閲覧可能となった。[13]

悪い知らせを受ける側の心得

患者や家族が、医師との面談の際に疑問点や不安なことについて質問するときの例文や、よくある質問の説明をまとめた冊子が『重要な面談にのぞまれる患者さんとご家族へ』である。このパンフレットを活用することで、患者は自分にとって優先度の高い順番に質問をすることができる。また、ご家族も診察室でどのようなことを聞いておくべきか事前に確認できるといったメリットも期待される（http://ganjoho.jp/public/support/communication/question_prompt_sheet.html）。

リスクコミュニケーション

リスクコミュニケーションとは、リスクについて関係者間で情報や意見を交換し、その問題についての理解を深めたり、お互いによりよい決定ができるように合意を目指したりするコミュニケーションをいう。また、人々がパニックを起こすことを懸念する結果、情報が控えられることもある。しかし、過去の事例をみても、パニックが起こったことはきわめて稀であり（正しくないという意味で、これを「パニック神話」と呼び習わしている）、その稀な例では、むしろパニックをおそれて情報を控えたことや情報が曖昧であったことが、パニックを引き起こしたと解釈されている（http://pub.maruzen.co.jp/index/kokai/oyoshinri/564.pdf）。

厚生労働省は、新型インフルエンザに関する危機管理対策として、「情報提供・共有（リスクコミュニケーション）に関するガイドライン」を公表、行政が市民に悪い知らせを伝える際「国及び地方自治体は、個人のプライバシーや人権に配慮しつつ、迅速に正確な情報を国民に提供するとともに、継続的に国民の意見を把握し、国民が主体的に対策に参画できる体制を整備する必要がある。また、コミュニケーションに障害のある方（視覚障害者、聴覚障害者等）に配慮するよう努める」としている。[14]

災害時の、リスクコミュニケーションについては、最終章で述べる。

第3章　医療情報開示、個人情報保護

【問題】A病院のX院長は「世のなかの流れで、カルテを公開しなければならなくなってきた。見せろといわれて困るようなことは、これからはカルテに書かないよう、十分注意するように。あわせて、遺族からのカルテを見せろといわれても、決して応じないように」と職員に訓示した。これについて自由な考えを述べよ。

医療記録の法的性格

医療記録について規定した法律が複数にまたがるため、開示の法的手段も複雑になっていることはよく知られている。まず、医師法では「医師は、診療をした時は、遅滞なく診療に関する事項を診療録に記載しなければならない」と規定して、医師に「診療録」の記載と五年間の保存を義務づけている（第二四条）。診療録に記載されるべき内容は、医師法施行規則第二三条に「診療録の記載事項」として、患者の住所、氏名、性別及び年齢、病名及び主要症状、治療方針、処方及び処置、診療の年月日が定められるが、医師の裁量に任されている。次に医療法では「病院は、厚生労働省令の定めるところにより、次に掲げる人員及び施設を有し、かつ、記録を備えて置かなければならない」と規定し、「診療に関する諸記録」の備え置きを命じる（第二一条）。記録の内容は医療法施行規則第二〇条では、過去二年間の病院日誌、各科診療日誌、処方箋、手術記録、検査所見記録、エックス線写真、入院患者・外来患者数の帳簿、であるが、平成五年の医療法改正で「特定機能病院」に備え置くべき諸記録として、看護記録、紹介状、入院患者の経過要約が加えられた（医療法施行規則第二二条の三第二項）。

医療情報開示の前提

特定の目的で限られた人物のみに情報提供が行われる「開示」と、公共の利益のために不特定多数に情報提供がなされる「公開」とは明確に区別されるべきである。医療情報開示には、①本人への開示、②サービスを提供する専門職への開示、③第三者への開示（公開）の別がある。本人への直接的利益の還元を目的に個人情報が開示されるのが①、本人以外の特定個人の利益を図るために、例えば医療スタッフの安全確保のための情報（ＨＩＶ〔ヒト免疫不全ウイルス＝エイズウイルス〕など）や移植臓器の提供者の情報が開示されるのが②である。学術研究・教育のため、法にもとづく公的調査事業のために医療情報が開示されるのが③である。

医療情報の開示は、医療の受益者と提供者双方が情報を互いに開示し合うことで、正しい認識が得られ、一貫性をもったサービスと医療の質の向上が図られ、情報に誤りがあればそれを正して、なお一層信頼関係を深めることができる等の効果をもたらす。

診療報酬明細書等の被保険者への開示

診療報酬明細書等（レセプト）の開示については、被保険者の秘密を保護する必要性やがん等悪性疾患の病名告知がなされていない場合等の診療上の必要性から、被保険者本人の請求があってもそれを閲覧させることは適当でないとの行政指導がなされていた。しかし、自らの診療情報について開示を求める要望の高まりを受けて、被保険者本人に対する情報提供の観点から、保険者サービスの充実を図る一環として、また、被保険者、保険医療機関、保険者の間の信頼関係をなお一層醸成する目的で、可能な範囲で開示を行うよう指導方針が変更された。平成九年六月二五日付厚生労働省老人保健福祉局長、保険局長、社会保険庁運営部長通知「診療報酬明細書等の被保険者への開示について」による基本方針は以下のとおりである。

一、診療報酬明細書等の開示を求める者と当該レセプトに記載されている者が同じである確認。

二、被保険者が傷病名を知っても診療上支障がない旨の保険医療機関への確認。

三、被保険者が未成年若しくは禁治産者である場合、法廷代理人又は被保険者本人の委任を受けた弁護士に対しても、委任等確認の上開示可能。

四、遺族からの開示請求には社会通念に照らして適当な場合に開示。

開示依頼書を受理した日から開示（交付）までの日数は、レセプト抽出作業、保険医療機関等への事前確認等を含めて一か月程度をめどとする。

診療報酬明細書等の被保険者への開示に関するプライバシーの保護

個人のプライバシー保護の観点から、該当者本人に限る。レセプト開示請求を行おうとする者は最寄りの社会保険事務所窓口に赴き、①保険医療機関ごとの診療報酬明細書等の開示依頼書を提出し、②開示を依頼する者の本人確認ができる書類（運転免許証、パスポート）を提示しなければならない。

診療報酬明細書等の被保険者への開示にあたっては、当該保険医療機関等に対し、開示を行うことによって診療上支障がないことを確認する。したがって、当該保険医療機関等から、診療上支障が生じる旨の回答があったレセプトは開示できない。

また、社会保険事務所では、診療内容についての照会に対しては答えられない。

カルテを中心とした診療情報の開示

(1) 診療情報の電子化

情報処理技術の向上、普及により医療の分野における情報化の進展は著しく、診療情報の電子化、遠隔医療の実施、ICカードや光カードの利用、オーダー入力システムの導入等が実現の段階に至っている。医療における電子情報処理技術の活用は、患者の利便の向上、医療における様々な部門の効率化、ひいては医療の質の向上に資するものである。とりわけ、診療情報の電子化は、診療情報の提供、保存や医療機関相互の連携の強化を通じて、患者に対する質の高い医療の提供に貢献するものであり、今後一層推進していくべきものである。

電子化された診療情報を積極的に活用するためには、情報の共有化を図るために用語、診断コード、処置コード等を標準化するとともに、疾患別、処置別、診療科別の診療モデルの開発等を行うことが必要となる。

(2) 診療録等の診療記録の保存期間

現行医師法等では、診療録については五年間、諸記録については二年間の保存が求められているが、患者の自己決定、選択の内容を充実させるとともに、エイズ事件の教訓も踏まえ、診療記録の社会的役割を重視し、これを相当期間延長する方向で見直すべきである。保存期間としては、患者の生存中という考え方、民事法上の不法行為による損害賠償の請求権の消滅時効との関係で二〇年とする考え方などがある。しかし、外国の状況を見ると、アメリカ社会保障法では五年、イギリスでは通達により国営病院で八年、一般病院では一〇年が推奨され、ドイツでは、契約により一〇年、スウェーデンでは三年とされるなど、法律上それほど長期の保存義務が課されている状況ではない。現在の医療機関の保管体制上の制約があり、現物での管理保存となると、ほとんどの医療機関、特に都市部の患者数の多いところでは、現実には対応が困難である点に配慮する必要があるが、基本的には、保存期間はできる限り長期であることが望ましい。なお、電子保存が普及すれば、医療機関における保存場所の問題はかなり解決されることが期待され、この観点からも、診療情報の電子保存を進めていくことには大きな意義がある。

また、遺伝子診断の情報等、アクセスまでの期間が長いと見込まれる情報についても、診療記録の長期保存が不可欠となる。親が子供に代わって同意を与えて、子が幼少時に行った遺伝子検査の結果を、子が成長して後、自らの検査の詳細を知りたいと願っても、診療記録が保存されていないため知ることができない、というようなことがあってはならない。

診療情報開示の法規

①法律上、開示請求権および開示義務を規定する、②法律上、開示の努力義務を規定する、③法制化はせず、診療情報提供にあたっての指針（ガイドライン）を定める、といった選択肢が考えられるが、患者の知る権利や救済を特に重視して早期に開示請求権の法制化を行うべきであるとの意見がある一方、性急な法制化は医療現場の混乱を招き、よりよい医療の実現という本来の目的が達せられなくなるとの意見もなお根強い。

しかし、医療の場における診療情報の提供を積極的に推進するべきであること、また、今日、個人情報の自己コントロールの要請がますます強くなり、行政機関に限らずあらゆる分野においてその保護対策の充実が図られていること等を熟慮してみるならば、法律上、開示請求権および開示義務を定めることには大きな意義があり、今後これを実現する方向で進むべきであると考えられる。

ところで、医療の実情を見ると、一部に先進的な取り組みをしている医療従事者・医療機関があるものの、ほとんどの医療機関においては診療記録の作成・管理のための人員、施設等の整備が不十分であり、診療記録の記載方法、内容が医療従事者・医療機関ごとに異なるなど、すべての医療者が適切な診療情報の提供の要請に直ちに応えられる状況にはないと考えられる。

しかし医療従事者と患者の信頼関係の醸成による治療効果の向上と患者の自己決定という観点から、現時点において可能な範囲で医療従事者の診療情報の提供と診療記録の開示を法律上義務づける方策が検討されるべきである。

また、患者の求めがあったときは、医療者は、治療効果に悪影響があることが明らかな場合を除き、診療記録またはこれに代わる文書を開示（複写の交付を含む）するべきである。開示を求めることができるのは、患者本人または患者が十分な判断能力がないときは患者に代わって判断できる親権者等とする。当面、診療録等の診療記録そのものでなく、必要な診療情報を記載した文書を作成し、これを開示することも認めるべきである。診療記録等の開示に要する費用は、開示を求める者が負担するべきである。

なお、診療情報の提供の例外を認めるかどうかに関して、がん、精神病について、医師等が治療効果に明らかに悪影響を及ぼすと判断する場合には、診療情報の提供や診療記録の開示を拒み得るとすることが考えられる。最終的に診療記録そのものの開示を法的義務とする場合には、その前提として、診療記録の作成・管理に関する適切な指針の作成、指針にもとづく医療従事者に対する教育の実施、病院等における診療記録の作成・管理体制の整備、これらに要する費用についての診療報酬等における適切な配慮などが不可欠となる。

個人情報の保護に関する法律（平成一五年五月三〇日法律第五七号）と例外規定[4]

第三者提供についての例外事項（個人情報の保護に関する法律　第二三条第一～四項）

第二三条　個人情報取扱事業者は、次に掲げる場合を除くほか、あらかじめ本人の同意を得ないで、個人データを第三者に提供してはならない。

一　法令に基づく場合

二　人の生命、身体又は財産の保護のために必要がある場合であって、本人の同意を得ることが困難であるとき。

三　公衆衛生の向上又は児童の健全な育成の推進のために特に必要がある場合であって、本人の同意を得ることが困難であるとき。

四　国の機関若しくは地方公共団体又はその委託を受けた者が法令の定める事務を遂行することに対して協力する必要がある場合であって、本人の同意を得ることにより当該事務の遂行に支障を及ぼすおそれがあるとき。

厚生労働省「医療・介護関係事業者における個人情報の適切な取扱いのためのガイドライン」（平成一六年一二月二四日通知、平成一八年四月二一日改正、平成二二年九月一七日改正）(5)

利用目的による制限の例外

医療・介護関係事業者は、あらかじめ本人の同意を得ないで法第一五条の規定により特定された利用目的の達成に必要な範囲を超えて個人情報を取り扱ってはならないが（法第一六条第一項）、同条第三項に掲げる場合については、本人の同意を得る必要はない。具体的な例としては以下のとおりである。

①法令に基づく場合

医療法に基づく立入検査、介護保険法に基づく不正受給者に係る市町村への通知、児童虐待の防止等に関する法律に基づく児童虐待に係る通告等、法令に基づいて個人情報を利用する場合であり、医療・介護関係事業者の通常の業務で想定される主な事例は別表3のとおりである。

根拠となる法令の規定としては、刑事訴訟法第一九七条第二項に基づく照会、地方税法第七二条の六三（個人の事業税に係る質問検査権、各種税法に類似の規定あり）等がある。

警察や検察等の捜査機関の行う刑事訴訟法第一九七条第二項に基づく照会（同法第五〇七条に基づく照会も同様）は、相手方に報告すべき義務を課すものと解されている上、警察や検察等の捜査機関の行う任意捜査も、これへの協力は任意であるものの、法令上の具体的な根拠に基づいて行われるものであり、いずれも「法令に基づく場合」に該当すると解されている。

②人の生命、身体又は財産の保護のために必要がある場合であって、本人の同意を得ることが困難であるとき

（例）

・意識不明で身元不明の患者について、関係機関へ照会したり、家族又は関係者等からの安否確認に対して必要な情報提供を行う場合

・意識不明の患者の病状や重度の認知症の高齢者の状況を家族等に説明する場合

・大規模災害等で医療機関に非常に多数の傷病者が一時に搬送され、家族等からの問い合わせに迅速に対応するためには、本人の同意を得るための作業を行うことが著しく不合理である場合

③公衆衛生の向上又は児童の健全な育成の推進のために特に必要がある場合であって、本人の同意を得ることが困難であるとき

（例）

・健康増進法に基づく地域がん登録事業による国又は地方公共団体への情報提供

・がん検診の精度管理のための地方公共団体又は地方公共団体から委託を受けた検診機関に対する精密検査結果の情報提供

・児童虐待事例についての関係機関との情報交換

・医療安全の向上のため、院内で発生した医療事故等に関する国、地方公共団体又は第三者機関等への情報提供のうち、氏名等の情報が含まれる場合

④国の機関若しくは地方公共団体又はその委託を受けた者が法令の定める事務を遂行することに対して協力する必要がある場合であって、本人の同意を得ることにより当該事務の遂行に支障を及ぼすおそれがあるとき

（例）

・統計法第二条第七項の規定に定める一般統計調査に協力する場合

・災害発生時に警察が負傷者の住所、氏名や傷の程度等を照会する場合等、公共の安全と秩序の維持の観点から照会する場合

このように、法で保護される個人情報であっても、開示され共有する方が当事者にとって有益であることは、しばしば行政当局が指示してきたところである。

・「個人情報の適切な共有について（平成一九年八月　内閣府・総務省）」

・「災害時要援護者情報の避難支援ガイドライン（平成一八年三月　災害時要援護者の避難対策に関する検討会）」

・「要援護者に係る情報の把握・共有及び安否確認などの円滑な実施について（平成一九年八月　厚生労働省）」

しかしながら、東日本大震災では、災害弱者を支援しようと、民間団体が市町村に個人情報の開示を求めたが、個人情報保護を理由に断られ、支援が遅れるケースが目立った。自力で避難できない高

齢者や障害者などの災害弱者を迅速に助けるため、内閣府は二〇一三年一月二九日、「災害時要援護者の避難支援ガイドライン」の見直し案（http://www.bousai.go.jp/3oukyutaisaku/youengosya/h24_kentoukai/4/1.pdf）を有識者検討会に示した。名簿などの個人情報を緊急時だけでなく平常時から民間団体に開示できるようにするのが柱で、そのために必要となる災害対策基本法の改正案を今通常国会に提出する方針である。改正案には、避難誘導や安否確認などを素早く的確に行うために、市町村が災害弱者の名簿を作成することを盛り込む。また、平常時から町内会や民間福祉団体など第三者と名簿を共有することも可能にする予定である。名簿の作成は、現行では法的に位置づけられておらず、市町村の裁量に任されている。

障害者の大震災時の死亡状況や避難行動、避難しなかった場合の理由、避難後の状況などを調査する。調査を踏まえ、現在は自治体ごとに異なる名簿の作成方法や取り扱いのほか、要援護者ごとの支援者の確保方法、障害ごと・災害ごとの避難方法も再検討し、ガイドラインを見直す。一定の条件を満たす障害者団体と事前に協定を結び、緊急時に名簿を自治体側が開示して協力し合うことも検討対象という。

毎日新聞の調査では大震災で岩手、宮城、福島三県の沿岸三三市町村のうち、障害者手帳所持者に占める犠牲者の割合は約二%で、住民全体の死亡率より二倍以上高かった。福島県南相馬市を除く大半の自治体は個人情報保護を理由に名簿を開示せず、犠牲の詳細は不明のままである。内閣府障がい者制度改革推進会議ではメンバーの障害者団体から「津波警報が聴覚障害者に伝わらなかった」「人工呼吸器装着者らが座して死を待つ状況になった」などの指摘が出ていた[6]。

第4章　臨床試験、GCP、利益相反

【問題】M医師は、医療倫理にうるさい実直な人柄で、「臨床試験で、何ら薬効のないプラセボの使用が認められることは、非人道的であり、倫理にもとる」と公言している。M医師の考え方について自由な意見を述べよ。

医薬品の臨床試験

新医薬品の製造（輸入）承認申請のため必要とされる試験は、前臨床試験（理化学試験および動物実験）と臨床試験に分けられる。臨床試験とは、生きている人間を用いて行われる医学的に必要な試験という意味である。すなわち、新薬の試験や新しい医療用器具・機材の試験、さらには、新しい治療方法の試験などを「臨床試験」という。したがって、一種の「人体実験」あるいは「生体実験」ということもできるが、これらの呼び方は、医学的に必要性が認められない場合や戦争目的など違法性を有する場合に否定的に用いられることが多いため、「臨床試験」という語を用いるのである。

新薬が、疾病に対して有効であるかどうか、また、人体に対して安全であるかどうかは、臨床試験をしてみないとわからない。薬事法は、医薬品や医療用具等の製造承認を受けようとする者は、申請書に「臨床試験の試験成績に関する資料その他の資料を添付して申請しなければならない」と定めている（薬事法第一四条三項）。

治験計画の届出

治験の依頼をしようとする者は、あらかじめ、治験の計画に関し、次の事項を厚生労働大臣に届け出なければならない（薬事法施行規則第六八条）。

a. 治験薬等の成分及び分量（器具器械にあっては、形状、構造、寸法、原材料、成分及び分量）
b. 治験薬等の製造方法
c. 治験薬等の予定される効能、効果、性能または使用目的
d. 治験薬等の予定される用法及び用量（器具器械にあっては、操作方法または使用方法）
e. 治験の目的、内容及び実施期間
f. 治験の実施機関ごとの名称、所在地、治験の実施責任医師の氏名及び治験薬等の予定交付数量
g. 治験薬等を有償で譲渡する場合は、その理由
h. 依頼者が本邦内に住所を有しない場合にあっては、治験国内管理人の氏名及び住所

前項の届出には、治験薬等の毒性、薬理作用等に関する試験成績の概要その他必要な資料を添付しなければならない。

「医薬品の臨床試験の実施に関する基準」（ＧＣＰ）

(1) ＧＣＰ（医薬品の臨床試験の実施に関する基準）策定の経緯

健康で、充実した人生を送ることは人類共通の願いである。疾病の予防と治療に寄与する新たな医薬品の開発は、このような願いを実現することに役立つことを目的として行われている。しかし、医薬品がその役割を全うするためには、その有効性、安全性が正確に把握されなければならない。医学の進歩は研究の成果にもとづいているが、これらの研究は一部分なりとも最終的にはヒトを対象とした試験によるものである。優れた医薬品を医療現場に送り出すため、臨床試験データの作成方法、統計解析の手法および臨床評価の方法における近年の進歩は目覚ましく、ＧＣＰ（Good Clinical Practice：医薬品の臨床試験の実施に関する基準）や各種の臨床評価のガイドラインの制定、普及も加わって、わが国の新薬開発システムの水準も非常に向上してきた。

しかし、臨床試験については未だに欧米先進諸国の水準に達していないという声も聞かれ、被験者の人権保護、安全性の確保、データの信頼性確保については、より一層の質の保証が求められるようになった。

一九九六年五月、ＩＣＨ（International Conference on Harmonization：医薬品規制ハーモナイゼーション国際会議）においてＩＣＨ-ＧＣＰが最終含意に達し、また「医薬品安全性確保対策検討会」の答申も相まって、ＧＣＰが改正薬事法（一九九六年六月公布、九七年四月施行）に法制化された。一九九六年九月に設置された中央薬事審議会ＧＣＰ特別部会から九七年三月、「医薬品の臨床試験の実施の基準の内容」が答申され（答申ＧＣＰ）、これをもとにして同年三月付で「医薬品の臨床試験の実施の基準に関する省令」（省令ＧＣＰ）が官報告示された。新ＧＣＰとは、法律的には改正薬事法および省令GCPで示される体系であるが、その実際の運用にあたっては局長・課長通知および答申GCPの内容を十分に理解する必要がある。

(2) 臨床試験の概要

1) 第Ｉ相試験

定義：「治験薬を初めてヒトに適用する試験で、原則として少数の健康男子志願者において、治験薬について臨床安全用量の範囲ないし最大安全量を推定することを目的とし、あわせて吸収・排泄などの薬物動態学的検討を行い、第Ｉ相試験に進み得るか否かの判断資料を得ることを目的としている」

「一般指針」によって得るべき情報は薬剤によって異なるが、主に次のようなものが考えられる。

a. 臨床で安全に投与できる用量の範囲または最大安全量

b. 薬物に関する諸性質（生物学的利用性、血中半減期、分布容量、代謝産物、排泄経路など）

c. 副作用の有無と種類および臨床検査値の変動

第Ｉ相試験の対象者は、原則として少数例の健康成人男子である。ただし抗悪性腫瘍剤などのように、治験薬が健康人に対して明らかに毒性を発現する可能性がある場合などは、患者を対象として行われる場合もある。実施にあたっては、被験者に治験薬の性質、治験の意義、目的、方法、予想される効果・副作用、随意の参加の撤回および事故に対する補償などを十分理解してもらった上で、治験に対して自発的な意思で参加する旨の同意書を得る必要がある。

なお一般指針では、同一被験者の新たな第Ｉ相試験への編入は少なくとも六か月間は控えるべきであるとしている。投与量、投与方法については、単回投与を非臨床試験等で推定された安全な最低用量から行い、安全性を確認しながら推定臨床単回投与量を上回るまで漸増していく。単回投与試験の後、この成績にもとづいて反復投与試験の投与量、投与期間を決定し、副作用の発現、薬効の発現などに注意しながら投与量、投与期間を漸増してヒトでの認容性を明らかにするのである。単回投与試験の決定は薬剤によって異なるが、抗不安薬、睡眠薬、抗心不全薬、抗不整脈薬、抗狭心症薬などのガイドラインでは、前臨床試験で用いた動物のうち最も感受性の高い動物における五〇%致死量（LD五〇）の六〇〇分の一以下、あるいは亜急性毒性試験での無影響量の六〇分の一以下という数値が例としてあげられており、抗悪性腫瘍薬のガイドラインでは、通常、臨床用法により確立されたマウスに対する一〇%致死量（LD／一〇m²）の一〇分の一の量と人におけるToxic Dose Low（TDL／m²）の三分の一の量のいずれか低い方を用いることとしている。治験を担当すべき医師は臨床薬理学に造詣の深い医師であることが求められ、治験薬の薬効に応じた専門医学領域の医師の観察管理が必要である。

第Ｉ相試験の対象（被験者）が健康成人であることには、次にあげるようないくつかの理由がある。健康な成人の場合は、特定の疾患をもつ患者を対象とする必要がないことから、通常、比較的短期間で被験者が集められること。また、疾病をもたないことから治験薬の作用に影響する他の薬剤を投与している可能性が低いこと。さらに、一般にこの相において吸収・分布・代謝・排泄・標的器官への到達などを明らかにする薬物動態試験が併せて行われるが、このための頻回の採血、その他の補助的検査に耐えることができることなどである。もちろん、一方では患者における反応を反映していない可能性はあり、事実一疾患の影響によって健康人の成績が、患者の成績と大きく異なる場合もあることに留意する必要がある。

2)第Ⅱ相試験

定義：「適切な疾病状態にある限られた数の患者において、治験薬の有効性と安全性とを検討し、適応疾患や、用法・用量の妥当性など、第Ⅱ相試験に進むための情報を収集することを目的とする試験である。第Ⅰ相試験は通常、前期と後期に分けられる。前期第Ⅱ相試験では、患者を対象に安全性、有効性および薬物動態などについて瀬踏み的に検討する。後期第Ⅱ相試験では、前期に引き続き治験薬の薬効プロフィール（適応範囲）を明らかにするための探索的検討を行うとともに、容量・反応（設定）試験（必要な場合はプラシーボを含める）を行い、最小有効量および最大安全量の範囲を検討し、臨床至適用量幅を決定する」（一般指針）

前期第Ⅱ相試験に際して必要な条件は、第Ⅰ相試験において治験薬の投与方法および好ましくない作用を予測できる資料が得られ、患者に対する安全用量の範囲が推定されていることである。

前期第Ⅱ相試験では、次のような事柄について探索的に情報を入手する。

a．患者における安全性と有効性
b．薬物の体内における動態（患者）
c．投与方法と投与期間

前期第Ⅱ相試験の対象者は、当該治験薬について期待される薬効の対象となる疾患に罹患している患者である。「一般指針」では、軽症または症状の安定している入院患者が望ましいとしている。

投与量、投与方法については、原則として第Ⅰ相試験により安全性が確認された用法・用量に従う。投与期間は治験薬の特性によって異なるが、あくまでも安全性に配慮しながら目的とする成績が得られるよう試験を計画し、実施すべきである。第Ⅲ相試験は、治験薬の薬効に応じた臨床領域の専門医で、臨床薬理学の知識を有する医師か、当該臨床領域の専門医と臨床薬理学の専門医との協力によって実施することが望ましい。

後期第Ⅱ相試験に際して必要な条件は、前期第Ⅲ相試験で、治験薬を患者に使用することの安全性が確認され、基本的薬効および用法・用量が推定され、治験薬に有用性があると判断されることである。

これによって得られる情報は、以下のとおりである。

a. 治験薬の薬効プロフィール、適応対象

b. 第Ⅲ相試験の用法・用量および至適用量幅

c. 様々な状況下での患者の薬物動態

d. より広い患者層での有効性・安全性

対象者は当該治験薬について期待される薬効の対象となる疾患に罹患している患者で、前期第Ⅰ相試験よりも多数例を広範囲に選ぶことになる。投与量、投与方法は、第Ⅰ相試験、第Ⅰ相試験により薬効と安全性が確認された用法・用量の範囲において実施する。

用量設定試験においてはプラシーボまたは最小有効量および推定臨床最大用量が含まれることが望ましい。

3) **第Ⅲ相試験**

定義：「比較臨床試験および一般臨床試験により、さらに多くの臨床試験成績を収集し、対象とする適応症に対する治験薬の有効性および安全性を精密かつ客観的に明らかにし、治験薬の適応症に対する臨床上の評価と位置づけを行うことを目的とする試験である」（一般指針）

第Ⅲ相試験に際して必要な条件は、後期第Ⅱ相試験で得られた成績により期待された薬効が認められ、かつ安全性が確認され、治験薬に有用性があると判断され、かつ用法用量が決定されることである。

この試験によって、以下のような事柄に対し確認が行われる。

a. 治験薬の有効性、安全性および有用性
b. 適応疾患における用法・用量
c. 副作用と回復の状況
d. 併用される頻度の高い他剤との併用効果、相互作用
e. 治験薬の種類によっては、長期連用による副作用、薬効の変化

試験対象者は、治験薬の薬効が期待される疾患を有すると診断された患者である。被験者数は、治験薬の種類、性質、試験の目的等によって異なるが、通例、第Ⅱ相試験より広範囲に及ぶ多数の患者で実施される。投与量、投与方法は、後期第Ⅱ相試験において設定された至適用法・用量に従って決定される。

第Ⅲ相試験は、多数の医療機関の共同研究として実施されることが多い。また、患者および医師の主観的な要素の影響を判定から除外するために、可能な場合は二重盲検試験を用い、対照薬（プラセボを含む）との比較試験が計画される。第Ⅲ相試験を担当すべき医師は、原則として治験対象疾患の専門領域における十分な学識経験を有する者とされている。

被験者のインフォームドコンセント

1)治験責任医師は、インフォームドコンセントを取得し、これを文書化する際には、適用される規則要件、GCP及びヘルシンキ宣言にもとづく倫理的原則を遵守するものとする。治験責任医師は、治験の開始前に、同意文書及びその他の被験者への説明文書に関し治験委員会の承認を得なければならない。

2)被験者の同意に関連し得る新たな情報が得られた場合には、同意文書及びその他の被験者への説明文書を改訂し、予め治験審査委員会の承認を得るものとする。治験に継続して参加するか否かについての被験者の意思に影響を与える可能性のある情報が得られた場合には、これに関して、被験者又はその法廷代理人等に時宜を得て知らせなければならない。このような情報の伝達については文書に記録するものとする。

3)治験責任医師又は治験スタッフは、治験への参加又は参加の継続に関し、被験者に強制したり又は不当な影響を及ぼしてはならない。

4)同意文書を含め、治験に関する口答及び文書による情報には、被験者又はその法廷代理人等に法的権利を放棄させるか又はそれを疑わせる語句、或いは治験責任医師、治験実施医療機関、治験依頼者又はそれらの代理人の過失責任を免除するか又はそれを疑わせる語句を含んではならない。

5)治験責任医師又はその指名する者は、被験者に対して、又は被験者本人がインフォームドコンセントを行うことができない場合には法廷代理人等に対して、治験審査委員会によって承認された説明文書の内容も含めて、治験のあらゆる角度について十分説明するものとする。

6)同意文書を含め、治験に関する口頭及び文書による情報は、被験者又はその法廷代理人等並びに、適切な場合には公正な立会人が理解可能で、できるだけ非専門的な言語によるものでなければならない。

7)治験責任医師又はその指名する者は、インフォームドコンセントを取得する前に、被験者又はその法廷代理人等に対して、彼らが治験の詳細について質問する機会と、治験に参加するか否かを判断するのに十分な時間を与えなければならない。治験責任者医師又はその指名する者は、被験者又はその法廷代理人が満足するように、治験に関するすべての質問に答えなければならない。

8)被験者が治験に参加する前に、被験者又はその法廷代理人等及びインフォームドコンセント取得のための説明をしたものが同意文書に署名し、各自日付けを記入するものとする。

9)被験者又はその法廷代理人等が説明文書を読むことができない場合には、公正な立会人がインフォームドコンセントの説明の全過程に立ち会わなければならない。

10)インフォームドコンセントの説明並びに同意文書及びその他の被験者への説明文書には、以下の事項に関する説明が含まれていなければならない。

a. 当該治験が研究を伴うこと
b. 当該治験の目的
c. 当該治験の処置内容及びそれぞれの処置に無作為に割り付けられる確率
d. すべての侵襲的操作を含む、定められた治験の手順
e. 被験者の責任
f. 当該治験の実験的な側面
g. 被験者及び適当な場合には胚、胎児及び授乳中の乳児に対して予期される危険又は不便

h. 予期される利益、もしも被験者にとって予期される利益がない場合には、被験者にそれを伝えなければならない

i. 被験者が受けることのできる他の治療法並びにその治療法に関し予測される重要な利益及び危険

j. 治験に起因する健康被害が生じた場合、被験者が受けることのできる補償及び（又は）治療

k. 被験者が治療参加を完遂できない場合等に、参加期間等を案分して金銭等が支払われる場合は、その案分の取決め

l. 被験者が治験に参加するために費用負担をする必要がある場合は、その予定額

m. 治験への参加は被験者の自由意思によるものであり、被験者は治験への参加を随時拒否又は撤回することができること。また拒否・撤回によって、被験者が不当な扱いを受けたり、本来受けるべき利益を失うことがないこと

n. モニター、監査担当者、治験審査委員会及び規制当局には治験の手順及び（又は）データを検証する目的で被験者の原医療記録を直接閲覧する権利を与えられていること。ただし、被験者の秘密は適用される法律に定められた範囲内で保全されること。また、同意文書に署名することによって、被験者又はその法廷代理人等がこのような直接閲覧を認めたものになること

o. 被験者の身元を明らかにする記録の秘密は保全され、適用される法律等に定められた範囲内で公にされることはないこと。治験の結果が公表される場合にも、被験者の身元は秘密とされること

p. 治験へ継続して参加するか否かについての被験者の意思に関連し得る情報が得られた場合には、

適切な時期に被験者又はその法廷代理人等にそれを知らせること
q. 被験者が、当該治験及び被験者の権利に関してさらに情報が欲しい場合又は治験に起因する健康被害が生じた場合に、連絡すべき担当者
r. 被験者の治験参加を中止する、予測し得る条件、及び（又は）理由
s. 被験者の治験への参加予定期間
t. 治験に参加する被験者の概数
11) 被験者又は法廷代理人等は、治験に参加する前に、署名と日付けが記入された同意文書の写し及びその他の被験者への説明文書を受け取るものとする。改訂の度に最新版を受け取るものとする。
12) 治験が、法廷代理人等の同意のみにもとづいて治験に組み入れざるを得ない被験者を対象として実施される場合（例えば未成年者や重度の痴呆患者を対象とする場合）においては、被験者は、その理解の程度に応じて当該治験に関して説明を受け、もし可能であれば本人も同意文書に署名し、自ら日付けを記入するものとする。
13) 前項12)に述べる場合を除いて、非治療的治験（被験者に対する直接の臨床的な利益が予期されない治験）においては、同意は必ず被験者本人から得なければならず、同意文書には被験者本人が署名及び日付けの記入を行うものとする。
14) 非治療的治験は、次の条件が満たされた場合、法定代理人等の同意によって行うことができる。
a. 治験の目的が、自らインフォームドコンセントを与え得る被験者による治療では達成されないこと
b. 被験者に対する予見し得る危険が低いこと

c．被験者の福祉に対する悪影響が最小限とされ、又低いこと
d．そのような治験が法律で禁止されていないこと
e．治験審査委員会に対して、このような被験者の参加を明示した上で承認申請が行われ、かかる被験者の参加について承認文書について承認記載されていること

このような治験は、例外が正当化される場合を除き、治験薬の適応となることが意図された疾病又は症状を有する患者において行われるべきである。このような治験における被験者は特に綿密に観察されるべきである。もし不当な苦痛を受けていると見受けられる場合には治験を中止すべきである。

15) 緊急状況下での治験であって、被験者による事前の同意が不可能な場合においては、被験者の法廷代理人が存在する場合は、その同意を得るべきである。被験者による事前同意が不可能で、かつ、被験者の法廷代理人が存在しない場合には、被験者の権利、安全及び福祉が保護され、適用される規制要件を遵守して当該治験が実施されることを保障する方法を治験実施計画書及び（又は）その他の文書に記載し、治験審査委員会の承認を受けることが必要である。このような場合でも、被験者又はその法廷代理人等に対し、できるだけ速やかに当該治験に関する説明を行い、治験継続に関わる同意、及びその他の適切な同意（10）参照）を求めなければならない。

プラシーボと無治療

薬の真の評価は市販後の試練を経て初めて確立される。新発売の医薬品は通常は発売承認後六年目に再審査を受け、その後五年間隔で再評価のチェックを受け続けることになっている。場合によっては新たに目かくし比較試験が再実施されることもある。臨床試験の研究デザイン作成にあたっては比

較対照試験、ランダム割付、目かくし試験、統計学的解析、客観的評価法などの様々な手法や概念が取り入れられる。まずこれらの手法・概念について述べる。

比較試験

一つの治療を受けた患者群の結果と他の治療を受けた患者群（対照群）の結果とを比較してその優劣を判定するもので、対照群のとり方によって同時対照法、歴史対照法、患者内比較法などがある。対照群を置かない「オープン試験」は比較試験に比べて試験結果を楽観的に導く傾向がある。先入観をもった研究者の手によって試験が進められた場合には、評価が大きく歪曲される危険性がある。複数の治療を同時に複数の患者に施行してその結果を比較する試験が同時対照法であるが、これに対して現在の患者に新しい治療を施し、過去に標準的な治療を施された症例とを比較する方法が歴史対照法である。歴史対照法では歴史的対照群とのレトロスペクティブな比較が行われるが、この方法では、①対象患者の選択基準と治療環境が同等の条件下にあるという保証がないこと、②医師はその治療に適切であると自身が判断した「特殊な患者」を新治療の対象とする傾向があることなどの欠点が指摘されている。さらに③過去の診療記録の不備により歴史的対照群患者の背景因子や治療効果の有無が的確に把握できない場合などがあることから、歴史的対照群は正確な比較の対照とはならないと考えられる。

この他、同一の患者に異なる治療方法を行い、比較検討するという研究デザインも知られている。一人の患者に二種類以上の治療を交互に行い、その順番をランダムに決める方法が患者内比較法あるいはクロスオーバー試験である。クロスオーバー試験は慢性疾患で病態があまり変化しないような疾患で、短期的な症状緩和や徴候の変化を期待する治療などに向いた研究デザインである。今二つの治療法、プロトコール（臨床試験実施計画）Aとプロトコール Bとを考える。まず治療法A、次いで治療法Bを行うA→B群と、逆に治療法B、治療法Aの順で行うB→A群の二群にランダムに割り当てる。治療効果が治療終了後も一定期間持続すると考えられる場合にはウォッシュアウト期間を二つの治療の間に挿入する。目かくし法を併用する場合もある。解析に際しては各患者の二つの治療法による効果の差を求めて、それを統計学的に検討するが、「時期による効果の差」や「治療法と治療時間の間の交互作用」にも配慮する必要がある。「時期による効果の差」とは治療法に関係なく先行する治療と後の治療のいずれかが良好であるという現象を指し、「治療法と治療時間の間の交互作用」とは先行する治療では治療法間に差があるのに、後の方の治療では差がないという現象を指す。

ランダム割付

複数の治療法を比較する際に、治療者の恣意的な判断や系統的な調整によってある治療が他とは異なる患者層に割り当てられて、治療群間に不均衡が生じるのを防ぐことを目的として行われるのがランダム割付（random assignment）である。ランダム割付臨床試験で観察された治療成績の差は治療以外の要因の影響（バイアス）が除かれていて治療方法自体による影響以外は確率的なばらつきの影響に限定することができるので、治療法の客観的評価が可能になる。そのためにランダム割付臨床試験は数ある研究デザインのなかでも最も優れたものとみなされている。一つのランダム割付臨床試験の結果が他のランダム割付臨床試験で確認された場合には最も信頼できる研究結果となり、現実に行うことのできる検証のなかでは最も確実なものになる。しかも、テーラーメード医療が求められる今

日、大規模な臨床試験の必要性がますます高まっている。(4)

目かくし試験

目かくし試験（blind study）は患者または治療者（評価者）に対して施行されている治療法の中身を知らせないで、その結果を評価させる方法である。いずれか一方が知っている場合を単目かくし（single blind trial）、双方とも知らない場合を二重目かくし（double blind）と呼ぶ。目かくし法の目的は施行されている治療法に関する患者または治療者（評価者）の知識や先入観によって治療の評価にゆがみが生じるのを防ぐことにある。また、単目かくし、二重目かくしの他にも、三重目かくし（triple blind）といって解析結果の解釈を行う者にも目かくし法を行う場合があり、これは中間解析を行う場合に有効な手段となる。いずれの治療法に割り付けられたかをわからないようにするには外見上は全く同じ薬剤を用意し、同じように投与する必要がある。対照薬には他の標準薬を用いる場合と有効な成分を含まないプラシーボを用いる場合がある。

プラシーボとプラシーボ効果

プラシーボは「喜ばせるであろう」（ラテン語の動詞placereの一人称単数未来形）という意味である。定義については、古くから多くの議論がある。プラシーボとは、何らかの治療的手段（または治療手段の一部）であり、客観的にはある状態に特定の活性を有していないにも拘わらず、意識的に、あるいは無意識的に患者に、またその症候（または症候群）や疾病に影響を与えるものである。プラシーボ効果とは、プラシーボによりもたらされる生理的、臨床的変化で、自然治癒・軽快とも異なるものである。好ましい変化もあり好ましくない変化もある。また生じることも生じないこともある。プラシーボ効果はプラシーボだけに生じるのではなく、投薬という行為自体を通じて実薬にもプラシーボ効果は内在している。「プラシーボ効果のメカニズム」については、患者側の特性・医療側の特性（経験、態度など）・製剤の特性・治療環境などの影響する要因について、いろいろの報告がされてきている。しかし、要因とプラシーボ効果の程度の相関関係など、厳密な意味で詳しいことはほとんどわかっていない。このことがプラシーボ効果自体の問題として存在する。薬をヒトに投与した場合、次の二つが合わさったものが症状等の変化として観察される。①薬そのものの作用が現れる変化、②プラシーボ効果や自然治癒・軽快、ホーソン効果という薬に起因しない変化。なお、いずれの変化についても、病状・反応の個別性は影響があり、比較試験においては、背景因子の偏りに注意しなければならない。できるだけ薬そのものの効果が測定できる方法によって評価しなければ、次の二つのことが起きる可能性が十分あり得る。

①効き目がないにもかかわらず効き目があると誤認する。

②効き目があるのにもかかわらず効き目がないと見逃す。

すなわち、薬に起因しない変化（プラシーボ効果等）は薬効の有無や薬効の程度の科学的評価を困難にするバイアスになる。なお、プラシーボ効果はプラシーボを投与した群で観察された効果として示されるが、この効果は見かけ上のプラシーボ効果で自然治癒・軽快も含んでいる。厳密には「真のプラシーボ効果」とはいえないもので過大評価している可能性がある。プラシーボ効果は自然の変化（自然治癒・軽快）とは異なるものと考えられているが、自然の変化と明確に区別して計測することは現実的には困難であろう。そこで、プラシーボやプラシーボ効果は薬効評価の方法論的問題とも密接不可分である。また、比較をする場合には、両群の背景因子の均衡にも配慮することが必要である。そして、偏りや作為をミニマイズするためのランダム化や目かくし化といったバイアス制御を考慮した比較試験が行われることになる。

治験の目的は、患者に最善の治療法を確立していくことであり、薬効の保証、既存薬との比較情報を提供することである。そのために、科学性と倫理性を兼ね備えた治験の実施が望まれる。特にわが国では、倫理性という点で、無治療に等しいプラシーボの使用がしばしば問題とされる。その点については、後で詳しく論じる。

臨床試験の科学性と倫理性

プラシーボを用いた臨床試験は、コントロールグループの参加者に医療上のメリットがないわけだから、非倫理的であるといえるのか?——その点について考えてみよう。科学的でない臨床試験を実施すると、意味のある結果が出せないので、試験参加者の協力を無駄にすることになる。それは非倫理的である。少なくとも十分に科学的な臨床試験を計画し実施しなければならないが、科学的であるだけではなお不十分である。確かに標準的な治療に上乗せ効果を期待する場合、プラシーボを用いることに倫理的な問題は起こらないだろう。食事療法だけで高脂血症をコントロールするよりも、食事療法に抗高脂血症薬を加えて高脂血症をコントロールする方が心筋梗塞の発症を減少させるという仮説を検証する場合、参加者全員に食事療法を実施し、一方のグループに抗高脂血症薬を与え、一方のグループにプラシーボを使用することは、倫理的にも許されるだろう。

臨床試験はそもそも、

①医師がどちらの試験治療が優れているか未だ確信がもてない
②患者もどちらの試験治療を受けたいか特に好みがない

が同時に満たされていなければならない。どちらか一方の治療が優れていると確信している医師、どちらかの試験治療を望んでいる患者は、プロトコールを守らない可能性がもともと高いので、臨床試験に参加すること自体許されない。また「効果の全くないことがわかっているプラシーボを患者に使用することは、患者の不利益につながるので、非倫理的」という意見には、すでに一方の試験治療に効果があるはずだ、という思い込みが入っている。「ヘルシンキ宣言におけるプラシーボ使用に関する記述」を以下に示す。

「ヘルシンキ宣言」（一九九六年一〇月第四八回総会での修正。その後二〇〇〇年に改訂）

In any medical study, every patient including those of a control group, if any should be assured of the best proven diagnostic and therapeutic method. This does not exclude the use of the inert placebo in studies where no proven diagnostic or the therapeutic method exists.

「いかなる医学研究においても、どの患者も――対照群があればそれを含めて――現行の最善と証明されている診断法および治療法を受けることができるという保証が得られなければならない。これは、立証された診断法あるいは治療法が存在しない研究段階における非活性プラシーボの使用を除外するものではない[5]」

このようにヘルシンキ宣言には、確立された治療法がない場合におけるプラシーボ使用は排除しないことが明記されていた。証明された診断法や治療法が存在しない場合に、不活性プラシーボを研究で使用することを何ら否定するものではない、この意味でのプラシーボの使用を認めている。証明された治療法が存在しない場合には、むしろプラシーボコントロールを積極的に用いるべきであろう。

次に問題になるのは、どれだけの証拠が集まった時点で「証明された治療法」であると判断できるか、である。プラシーボを含む四剤の比較で、心筋梗塞後の不整脈抑制効果の高かったエンカイニド、フレガイニド、モリシジンを用いて、プラシーボコントロール、二重目かくし試験によるCAST(The Cardiac Arrhythmia Suppression Trial)が実施された。予想に反して、エンカイニド、フレガイニドのグループでプラシーボに比べ死亡や心停止が多かったため、データ安全性モニタリング委員会の勧告により、参加者募集期間の途中である試験開始後二年目にエンカイニド、フレガイニドの使用は中止となった[6]。本試験の目的は、急性心筋梗塞後の症例にプラシーボ等四剤比較により、有効に心室性期外収縮を抑制し得る量を設定した抗不整脈薬を投与することで、プラシーボ群に比し、死亡率を減少させることを実証することにあった。しかし、実際の成績では、抗不整脈薬投与群においてプラシーボ群の約三倍の死亡率が観察された。この高い死亡率は抗不整脈薬の催不整脈作用にもとづくものと考えられ、米国FDA(Food and Drug Administration:米国食品医薬品局)により、これらの薬剤の適応に厳しい制限が付加される結果となった。

CASTは、「不整脈を抑制すれば、死亡の予防につながるはずだ」という一見もっともらしい推論に対するいましめとなっている。もしこの試験が実薬対照試験であれば、両群間に差が見られず、治験薬の危険性が検出できなかった可能性も考えられる。治験薬の有効性と安全性を厳密に、科学的に評価するためには、やはりプラシーボ使用は極めて意義が高い。プラシーボは、活性がないという性質をもっていればこそ、薬効の有無の確認に有用である。プラシーボと比較することによって、「プラシーボと何ら変わらないかもしれないものが未来の多数の患者に使用されることがないように」

という役割も見逃すことはできない。そうであれば、リスクを最小限に抑えた上でのプラシーボ使用に関して、研究者としては、むしろプラシーボを使用しないことの方に抵抗を感じるかもしれない。

患者の権利と利益を侵害しないようにという倫理的配慮は、臨床家であれ研究者であれ、そして計画段階であれ実施段階であれ、共通に求められる。そして、プラシーボの使用についてはその是非、あるいはリスクを最小限に抑えるデザインの工夫など薬効評価の方法論と密接不可分なものとして倫理的問題があるのである。

「製造物責任法」[7]（平成七年七月一日施行）

以下に医薬品、衛生材料との関連で、PL法について概説する。

(1)製造物責任法（PL法）制定に至るまでの経過

一九九四年六月二二日、第一二九回通常国会において製造物責任法（平成六年法律第八五号）が全会一致で可決成立した。同年七月一日公布され、九五年七月一日施行となり、同日以後に製造業者等が引き渡した製造物に適用されている。民法施行以来約一〇〇年間の不法行為責任原則であった民法第七〇九条の「過失責任」に加え、「製造物の欠陥」が欠陥製造物の製造業者等の責任原因とされることになった。

製造業者等はその過失の有無を問わず、製造物の欠陥による損害を賠償しなければならないとする考え方は、厳格責任（欠陥を責任要件とするとの意味で欠陥責任といってよい）として六〇年代にアメリカで判例法上確立した。その後、八五年に欠陥製造物についての責任に関するEC閣僚理事会指令（以下「EC指令」という）が採択され、今日広く世界で各国の国内法に取り入れられている。製造物の構造の複雑化、技術化の進展に伴い、わが国でも七〇年代後半以来その法制化を求める声が高まっていたが、産業界の強い抵抗で実現していなかった。日本弁護士連合会（以下「日弁連」という）は、日本における欠陥製品被害と救済の実態と欧米等における製造物責任制度およびその運用の実情を調査し、九一年三月、製造物責任法要綱を発表した。製造物責任の法制化については、東京弁護士会も九一年一月に試案を発表し、社会党および公明党は独自に法案を策定してそれぞれ参議院および衆議院に提出した。また、九〇年には私法学会報告者グループの提案がなされるなど、研究者の間でも提案や論稿が多数発表されてきた。消費者団体においても長年にわたり立法化に取り組んできたが、特に九一年五月に主な消費著団体、学者、弁護士、行政や企業の消費者苦情相談窓口で相談にあたっている相談員等による「消費者のための製造物責任法の制定を求める全国連絡会」が結成され、さらに関西ほか九つの地域で地域連絡会が結成された。

(2) ＰＬ法の概要

1) 目的（第一条）

この法律は、製造物の欠陥により人の生命、身体または財産に係る被害が生じた場合における製造業者等の損害賠償の責任について定めることにより、被害者の保護を図り、もって国民生活の安定向上と国民経済の健全な発展に寄与することを目的とする。被害者は、消費者に限定されない。

本法制定の目的が、製造物の欠陥により人に被害を与えた者の責任を明らかにし被害者を保護しようとするものであることを宣言している。製造物に起因する事故については、従来民法の不法行為責任（民法第七〇九条）と契約上の責任（民法第五七〇、四一五条など）が適用されてきたが、製造物の大量生産と高度化、技術化、国際化のなかで、メーカーとそれを利用する消費者間で情報および交渉能力に大きな格差が生じ、事故の被害者の救済ルールとして時代の要請に合わなくなった。そのため本法はこれら民法の規定に加えて、製品の性状である「欠陥」による責任を新設し、より適切かつ迅速に被害者を救済できるようにしたものである。したがって本法は、これら民法上の一般的責任に対して特別法にあたり、一〇〇年にわたる民法体系の大原則に重要な修正を加えたことになる。

本法の欠陥責任に加えてメーカーに過失が認められるときは被害者は、両者を重複して主張してもよいし、どちらかを選択してもよいこととなる。ところで、本条にいう「被害者の保護」とは、欠陥製品によって現実に生じた損害を、当該被害者に賠償するという個別被害の救済ばかりでなく、そのような賠償責任を課せられないよう製造業者が常日ごろ欠陥のない製品を製造・販売することにより、欠陥製品事故の発生を防止するとともに、消費者に対して製造者より製品の安全に関わる情報が開示されることにより一般消費者が保護されるという社会的側面が大きいことを強調しておかなければならない。

日弁連の製造物責任法要綱（一九九一年三月）第一条が「製造物の欠陥によって生じた損害について製造者の特別の賠償責任を定め、その履行を確保する方策を講ずることにより、製造物の欠陥による被害の予防と救済をはかることを目的とする」と規定し、「被害の救済」に加えて「被害の予防」を求めて本法の立法化を目指したのも、このことを念頭においていたからであった。本条はその目的を「被害者の保護」と規定し、我妻栄博士ら民法学者の製造物責任研究会の製造物責任法要綱試案（七五年八月）第一条やEC指令前文などで用いられている「消費者の保護」という文言を使用していない。この点につき、政府は、欠陥自動車により歩行者が被害を被ったり、欠陥工作機械で従業員が怪我をしたりするなど、対象が消費者とは限らない欠陥事故の実態と救済の必要性から、より広い

「被害者」を用いたと説明しているが、「消費者」と「被害者」とで保護範囲が異なるほどの相違があるとは思われない。むしろ民法の不法行為の関連規定で「被害者」という文言が用いられている（例えば、民法第七一一、七一七、七二〇、七二二～七二四条）ことから、これら民法の特別法である本法に「消費者」という文言が馴染まないこともあって、「被害者の保護」とされたと考えられる。

2）定義（第二条）

①「製造物」――この法律において「製造物」とは、製造または加工された動産をいう。動産とは、不動産（土地・建物）以外の物。

②「欠陥」――この法律において「欠陥」とは、当該製造物の特性、その通常予見される使用形態、その製造業者等が当該製造物を引き渡した時期その他の当該製造物に係る事情を考慮して、当該製造物が通常有すべき安全性を欠いていることをいう。安全性に関係のない欠陥は対象外。

③「製造業者等」――この法律において「製造業者等」とは、次のいずれかに該当する者をいう。

a．当該製造物を業として製造、加工または輸入した者（以下単に「製造業者」という）。

b．自ら当該製造物の製造業者として当該製造物にその氏名、商号、商標その他の表示（以下「氏名等の表示」という）をした者または当該製造物にその製造業者と誤認させるような氏名等の表示をした者。

c．前号に掲げる者のほか、当該製造物の製造、加工、輸入または販売に係る形態その他の事情からみて、当該製造物にその実質的な製造業者と認めることができる氏名等の表示をした者。

3）製造物責任（第三条）

製造業者等は、その製造、加工、輸入または前条第三項、第二号もしくは第三号の氏名等の表示をした製造物であって、その引き渡したものの欠陥によって他人の生命、身体または財産を侵害したときは、これによって生じた損害を賠償する責めに任ずる。ただし、その損害が当該製造物についてのみ生じたときは、この限りでない。

4)免責事由（第四条）

前条の場合において、製造業者等は、次の各号に掲げる事項を証明したときは、同条に規定する賠償の責めに任じない。

①当該製造物をその製造業者等が引き渡した時における科学または技術に関する知見によっては、当該製造物にその欠陥があることを認識することができなかったこと。

②当該製造物が他の製造物の部品または原材料として使用された場合において、その欠陥が専ら当該他の製造業者が行った設計に関する指示に従ったことにより生じ、かつ、その欠陥が生じたことにつき過失がないこと。

5)期間の制限（第五条）

①第三条に規定する損害賠償の請求権は、被害者またはその法定代理人が損害および賠償義務者を知った時から三年間行わないときは、時効によって消滅する。その製造業者等が当該製造物を引き渡した時から一〇年を経過したときも、同様とする。

②前号後段の期間は、身体に蓄積した場合に人の健康を害することとなる物質による損害または一定の潜伏期間が経過した後に症状が現れる損害については、その損害が生じたときから起算する。

6)民法の適用（第六条）

製造物の欠陥による製造業者等の損害賠償の責任については、この法律の規定によるほか、民法の規定による。

薬害救済

わが国において、B型およびC型肝炎ウイルスの感染者はあわせて三〇〇万人を超えており、それぞれ予防接種、薬害を原因とする一部の感染をめぐり、国や製薬会社に対する訴訟が行われてきた。止血剤として使用された血液製剤による薬害C型肝炎訴訟では、原告らを救済するための薬害肝炎救済法（http://law.e-gov.go.jp/htmldata/H21/H21HO097.html）が成立し、和解が成立した。

しかし、救済の対象となる者はごくわずかで、救済の対象外となった患者や感染者への支援が課題とされる。一方、集団予防接種禍によるB型肝炎集団訴訟では、国側と原告側が札幌地裁から示された和解案を受け入れることを決定したが、救済に必要な財源など救済のあり方をめぐって検討が続けられている。二〇一〇年一月、すべての肝炎患者を救済するために、基本理念や国などの責務を定める肝炎対策基本法が施行され、医療費の助成などの施策が行われている。同法では、薬害C型肝炎や予防接種によるB型肝炎感染拡大への国の責任が明記され、すべての肝炎患者を対象に国や自治体が経済的負担軽減措置や予防策の推進、治療レベルの均一化など総合的な対策を講じることが定められた。平成二二年度の予算措置により、自己負担限度額の引下げ（所得に応じて一、三、五万円であったものを原則一万円とする）やインターフェロン治療に係る利用回数の制限緩和に加え、B型肝炎の核酸アナログ製剤治療へも助成が開始された。[8] 肝炎対策基本法は救済の理念を示したのみであり、具体的な対策は緒に就いたばかりである。

抗がん剤の副作用救済

厚生労働省の「抗がん剤等による健康被害の救済に関する検討会」は抗がん剤救済制度の具体的な制度提案をすることなく「基本的考え方の整理」のとりまとめにより、終了した(9)。

これに対し、弁護団は「抗がん剤等による健康被害の救済に関する検討会の「基本的考え方の整理」について」を即日発表「政府には抗がん剤副作用救済制度創設に向けた最大限の努力をする責務がある。前記の「検証するしくみ」について、同検討会座長は、検討会や審議会等をさすと説明したうえで、本日の審理の終わりに当たり、薬害肝炎検証再発防止委員会が提言した第三者監視評価組織が、提言後二年以上も実現されないままであることに触れ、政府に検討会のとりまとめを真摯に受け止めて実行することを強く求めた。これは、引き続きの制度検討をしないままに時を経過させるようなことはあってはならないという趣旨である。政府は、抗がん剤副作用救済制度の創設に向けた引き続きの検討の場を早急に設けるべきである」とした(http://iressabengodan.com/topics/docs/救済制度コメント最終版.pdf)。

製造物責任法(PL法)は、一九九五年七月に施行された法律である。製品の欠陥によって人の生命、身体または財産に損害を被ったことを証明した場合に、被害者は製造会社などに対して損害賠償を求めることができる。国民生活センターでは、製造物責任法(PL法)の活用状況を把握するため、製造物責任法(PL法)にもとづく訴訟の情報収集を行っている。肺がん治療薬死亡事件も含まれる。

ＰＬ関連訴訟一覧⑩

薬害防止、薬害救済は、個別の救済策でなく、法による規制が検討されるべきである。齊尾らは「薬害防止」のための「柱」として、以下の四つの施策を提案する。

1. 薬害監視・調査機構の確立
2. 患者・被験者の権利を保護する法律の制定
3. 「薬害資料館」の設置
4. 「副作用の学」としての薬剤疫学の復興・推進

●患者・被験者の権利を保護する法律

・患者の標準的医療へのアクセス権を法に明記する。

・被験者の実験段階における医療において人間の尊厳と身体の安全に対する保護を受ける権利を法に明記する。

・承認申請目的の「治験」に限らない「臨床試験」の法的管理体制を構築する。

・これらの臨床研究データが蓄積され、評価される制度をつくる。

●研究的医療についての例外的措置としてのcompassionate use制度

・世界標準であるが日本で研究段階にある未承認薬・適応外使用については、例外的に緩和された研究管理体制の中で使用できるようにする。

・これらの通常医療と共通の部分については保険を併用できる。

・これらの研究段階における未承認薬の費用負担の適切性については倫理審査委員会で審査する。

・これらcompassionate useの使用成績が蓄積され、評価される制度とする。

（齊尾武郎、栗原千絵子：「薬害防止法」の提案、臨床評価　三六巻一号：一七三―二〇〇頁、二〇〇八。http://homepage3.nifty.com/cont/36_1/p173-200.pdf）

利益相反（Conflict of Interest：COI）

利益相反とは、外部との経済的な利益関係により公的研究で必要とされる「公正」かつ「適正」な判断が損なわれる、または損なわれるのではないかと第三者から懸念が表明されかねない事態のことをいう。利益相反があること事態が問題なのではなく、それにより研究の倫理性および科学性が揺るがないことが重要である。

世界医師会ヘルシンキ宣言にも、利益相反の明示が規定される。

一九六四年六月第一八回ＷＭＡ総会（ヘルシンキ、フィンランド）で採択

二〇〇八年一〇月ＷＭＡソウル総会（韓国）で修正

・研究成果の公表方法に係る義務を定めた第三〇項目（改訂前の第二七項目に相当）に、（著者、発行者のみならず）編集者も、研究成果の出版に関し倫理的義務を負う旨が新たに追加された。

・同じく第三〇項目で「著者はヒトを対象とする自身の研究成果を公的に利用可能とする義務を負うとともに、その成果の完全性・正確性の説明責任を負う」と明記された。

このヘルシンキ宣言に、利益相反の明示責任の根拠がある。

一四．人間を対象とする各研究の計画と作業内容は、研究計画書の中に明示されていなければならない。研究計画書は、関連する倫理的配慮に関する言明を含み、また本宣言の原則にどのよ

うに対応しているかを示すべきである。計画書は、資金提供、スポンサー、研究組織との関わり、その他起こり得る利益相反、被験者に対する報奨ならびに研究に参加した結果として損害を受けた被験者の治療および/または補償の条項に関する情報を含むべきである。この計画書には、その研究の中で有益であると同定された治療行為に対する研究被験者の研究後のアクセス、または他の適切な治療あるいは利益に対するアクセスに関する取り決めが記載されるべきである。

二四．判断能力のある人間を対象とする医学研究において、それぞれの被験者候補は、目的、方法、資金源、起こりうる利益相反、研究者の関連組織との関わり、研究によって期待される利益と起こりうるリスク、ならびに研究に伴いうる不快な状態、その他研究に関するすべての側面について、十分に説明されなければならない。被験者候補は、いつでも不利益を受けることなしに、研究参加を拒否するか、または参加の同意を撤回する権利のあることを知らされなければならない。被験者候補ごとにどのような情報を必要としているかとその情報の伝達方法についても特別な配慮が必要である。被験者候補がその情報を理解したことを確認したうえで、医師または他の適切な有資格者は、被験者候補の自由意思によるインフォームド・コンセントを、望ましくは文書で求めなければならない。同意が書面で表明されない場合、その文書によらない同意は、正式な文書に記録され、証人によって証明されるべきである。

三〇．著者、編集者および発行者はすべて、研究結果の公刊に倫理的責務を負っている。著者は人間を対象とする研究の結果を一般的に公表する義務を有し、報告書の完全性と正確性に説明責任を負う。彼らは、倫理的報告に関する容認されたガイドラインを遵守すべきである。消極的結果および結論に達しない結果も積極的結果と同様に、公刊または他の方法で一般に公表されるべきである。刊行物の中には、資金源、組織との関わりおよび利益相反が明示される必要がある。この宣言の原則に反する研究報告は、公刊のために受理されるべきではない。

わが国においても、利益相反マネジメントが、公的研究費に必須となっている。代表的指針が「厚生労働科学研究における利益相反（Conflict of Interest：COI）の管理に関する指針」（平成二〇年三月三一日科発第〇三三一〇〇一号厚生科学課長決定）である。(11)

Ⅰ目的

公的研究である厚生労働科学研究の公正性、信頼性を確保するためには、利害関係が想定される企業等との関わり（利益相反）について適正に対応する必要がある。本指針は、利益相反について、透明性が確保され、適正に管理されることを目的とする。

Ⅱ定義

1　本指針の対象となる「利益相反（Conflict of Interest：COI）」

広義の利益相反は、「狭義の利益相反」と「責務相反」(注)の双方を含み、「狭義の利益相反」は、「個人としての利益相反」と「組織としての利益相反」の双方を含んでいる。本指針では、基本的に「狭義の利益相反」の中の「個人としての利益相反」（以下「ＣＯＩ」という。）を中心に取り扱う。

ＣＯＩとは、具体的には、外部との経済的な利益関係等によって、公的研究で必要とされる公正かつ適正な判断が損なわれる、又は損なわれるのではないかと第三者から懸念が表明されかねない事態をいう。

公正かつ適正な判断が妨げられた状態としては、データの改ざん、特定企業の優遇、研究を中止すべきであるのに継続する等の状態が考えられる。

2　「経済的な利益関係」

「経済的な利益関係」とは、研究者が、自分が所属し研究を実施する機関以外の機関との間で給与等を受け取るなどの関係を持つことをいう。「給与等」には、給与の他にサービス対価（コンサルタント料、謝金等）、産学連携活動に係る受入れ（受託研究、技術研修、客員研究員・ポストドクトラルフェローの受入れ、研究助成金受入れ、依頼試験・分析、機器の提供等）、株式等（株式、株式買入れ選択権（ストックオプション）等）、及び知的所有権（特許、著作権及び当該権利からのロイヤリティ等）を含むが、それらに限定はされず、何らかの金銭的価値を持つものはこれに含まれる。なお、公的機関から支給される謝金等は「経済的な利益関係」には含まれない。

3　本指針の対象となる「機関」及び「研究者」

本指針は、基本的に、厚生労働科学研究を実施しようとする研究者（以下「研究者」という。）及び研究者が所属する機関（以下「所属機関」という。）を対象とするものである。なお、研究者と生計を一にする配偶者及び一親等の者（両親及び子ども）についても、厚生労働科学研究におけるCOIが想定される経済的な利益関係がある場合には、COI委員会等（Ⅳ2に規定する「COI委員会等」をいう。）における検討の対象としなければならない。

Ⅲ基本的な考え方

わが国では、科学技術創造立国を目指した取組の一環として産学連携活動が推進されている。厚生労働科学研究においても、大学や公的研究機関等における研究成果を社会に還元するため、企業との共同研究や技術移転といった産学連携活動は適正に推進されるべきものである。

その一方で、複数の業務が実施される場合、関係する個人・機関それぞれの利益が衝突・相反する状態が生じ得る。これは、活発に研究活動が行われ、産学連携活動が盛んになれば、必然的・不可避的に発生するものである。

厚生労働科学研究は、国民の保健医療、福祉、生活衛生、労働安全衛生等の課題を解決するための目的志向型の研究であり、産学連携活動が行われる可能性のある大学や公的研究機関等においても実施される。いささかでもCOIの状態にあると考えられる研究者をすべて排除するとすれば、厚生労働科学研究についてのCOIが問題になることはないが、その一方で、それは活発に研究を行っている研究者を排除することになり、また、各種研究事業を有機的に連携し、できるだけ早く研究成果を社会に還元しようとする動きをも阻害することになる上、厚生労働科学研究に応募する研究者の減少、研究の質の低下等も懸念され、適切ではないと考えられる。

ただし、公的研究である厚生労働科学研究の信頼性を確保していく上で、COIを適切に管理する必要があり、公共の利益及び厚生労働科学研究の信頼性を確保するために必要と判断されるような場合には、研究代表者の交代等の厳重な管理が必要な場合があり得る。

また、大学においては、教育・研究という学術機関としての責任と、産学連携活動に伴い生じる個人が得る利益との衝突・相反を管理するための取組が既に行われていることから、混乱や無用な重複を避けるため、既存の取組とできるだけ整合性のある方法で、厚生労働科学研究におけるCOIを管理するべきである。

ＣＯＩの管理においては、被験者が不当な不利益を被らないことをまず第一に考え、インフォームドコンセント等に十分留意した上で、公的研究である厚生労働科学研究と研究者・企業間のＣＯＩ（例えば、規制当局が利用するデータを供する研究について、研究者またはスポンサーとなる企業が自らに有利な結果を出すのではないかとの懸念）について、透明性の確保を基本として、科学的な客観性を保証するように管理を行うべきである。

本指針は、意欲ある研究者が安心して研究に取り組めるよう環境を整備する趣旨で策定するものであり、以下の事項を原則としている。

・研究をバイアスから保護すること。
・ヒトを対象とした研究においては被験者が不当な不利益を被らないようにすること。
・外部委員をＣＯＩ委員会等に参加させる等、外部の意見を取り入れるシステムを取り入れること。
・法律問題ではなく、社会的規範による問題提起となることに留意し、個人情報の保護を図りつつ、透明性の確保を管理の基本とすること。
・研究者はＣＯＩの管理に協力する責任があり、所属機関はＣＯＩの管理責任と説明責任があることを認識し、管理を行うこと。
・客観性、公平性を損なうという印象を社会に与えることがないように管理を行うこと。
また、研究者と異なる機関から研究に参加する場合や、学会等が当該研究者をサポートする形で研究を実施する場合においても、関係者による適切なＣＯＩの管理が必要であることに十分留意すべきである。

（注）責務相反とは、兼業活動により複数の職務遂行責任が存在することにより、本務における判断が損なわれたり、本務を怠った状態になっている、またはそのような状態にあると第三者から懸念が表明されかねない事態をいう。

第5章

遺伝子診断、遺伝子治療、遺伝カウンセリング、分子標的治療

【問題】 神経学の権威であるN教授は「手の打ちようのある遺伝病なら発症前遺伝子診断をしないことは非倫理的だが、未だ治療法のない神経難病について、遺伝子診断を行っても無意味である」と講義した。これについて自由な考えを述べよ。

「ヒトゲノム計画」は、一九九〇年に米国が壮大な構想を打ち出し、わが国および英国、ドイツ、フランス、中国の公的資金を得て国際共同研究となり、急速に進展した。ヒトの約八万の遺伝子、それを形づくる約三〇億対のDNA塩基配列をすべて解読し、その役割を明らかにする壮大なプロジェクトである。二〇〇一年二月には、国際共同チーム、セレーラ社がDNA塩基配列のドラフト解読終了を発表した。さらに遺伝子の構造と機能を解析して、人間の生物機能を探り、生命や健康の保持や疾病の治療と予防に大きく貢献しようとしている。とりわけ一塩基多型（SNPs）の研究が急展開を遂げ、個人の遺伝子情報を利用して疾病原因を特定したり診断や治療の方法を開発し、また利用することができるようになる。(1)〜(6) しかし、個人の遺伝的特徴にもとづいて尊厳や人権が著しく損なわれる危

険性を生むなど、大きな倫理的・法的・社会的問題を引き起こす可能性もある。そのため、ヒトゲノム研究と応用は、社会の理解のもとにコンセンサス形成をしながら進めていかねばならない。(1)(3)(7)

パーソナライズド医療

二一世紀を迎えて、従来の臨床試験等にもとづく根拠に加えて、遺伝子解析の成果が、重要な科学的根拠となると思われる。患者の遺伝情報に合わせて最適な薬剤投与を行うなどのパーソナライズド医療に向けて世界的に研究が動き出している。

わが国でも、ミレニアムプロジェクトの中心として、SNPsのデータ収集とゲノム上へのマッピングが展開されようとしており、SNPsを利用した疾患関連遺伝子の探索がますます加速されるであろうと考えられる。特に、SNPsは多型マーカーとして疾患関連遺伝子の探索に有効であるばかりでなく、薬剤に対する応答性の違いをあらかじめ調べることを含めた診断に利用することができ、個別性を尊重したパーソナライズド医療へと進展していく可能性が大きい。パーソナライズド医療推進論に立つと、まずは遺伝子検査を初めに行い、遺伝子特性を把握し適切な薬を処方するように、医療システムそのものを変えるべきである、ということになる。発症後の病型診断については、本人の同意のもとに、目的の遺伝子変異を探ることで、重大な副作用を避けながら、最良の治療法の選択につながるメリットも大きい。実際、米国において薬の副作用死が少なくなく、副作用死が重大なリスクであるという認識があるため、新しい指標としてSNPsの解析に期待が寄せられるのであろう。そもそも、日米両国の医療システムには大きく異なる点がある。それは、まず第一にＥＬＳＩに関する認識の違いである。

ＥＬＳＩ検討の必要性

ヒトゲノム解析や遺伝子研究・治療等の倫理的、法的、社会的側面に関して、議論を深める姿勢の現れがＥＬＳＩ（Ethical Legal Social Implication）検討委員会という機能である。ヒトゲノム研究に研究費の一部を割く場合に、米国ではＥＬＳＩに予算の五％を充てる。ＥＬＳＩ検討会では、遺伝子診断や遺伝研究自体がもつ倫理的問題、および実際に遭遇する個々の状況における倫理的ジレンマが検討される。最終的に、遺伝子診断に際して被検者の人権を保護しながら研究・診療を行っていくためのガイドラインが作成され、改訂される。一例として、米国国立健康研究所（National Institute of Health）エネルギー部門の、ヒトゲノム研究の倫理的・法的・社会的関わりに関するワーキンググループ（Working Group on Ethical, Legal, and Social Implications (ELSI) of Human Genome Research）がある[7]。

ヒトゲノム解析研究が急速な進展で、遺伝病以外に、高血圧、糖尿病、心筋梗塞などのいわゆる生活習慣病やアレルギー疾患、悪性腫瘍、感染症に対する抵抗性などあらゆる医療や健康の問題に遺伝や遺伝子が関係することが明らかとなってきている。遺伝子診断と遺伝子検査とは同義語として扱われることが多いが、意味の違いがある。遺伝子検査は検査そのものを意味するが、遺伝子診断は単に検査だけではなく、検査前後のカウンセリングを含めた一連の診療行為全体を意味する。感染症の検査などカウンセリングを必要としないものから、遺伝病の発症前診断のように検査を受けるかどうかについての慎重なカウンセリングや検査後の結果の告知と長期にわたるフォローアップを必要とするものまで様々である。遺伝子検査は①自己に存在しない外来遺伝子を同定する場合（存在診断）、②遺伝子の構造異常を解析する場合（体細胞変異を解析するものと、生殖細胞系列変異を解析するものとがある）、③遺伝子多型を用いて解析する場合などがある。

ここで特に問題となるのは発症前診断（predictive testing）としての遺伝子診断である。個体を形成する細胞はすべて同じ遺伝子構成を有する。また個体発生以降、遺伝子構成はほとんど変化しないので、人生のあらゆる時期に遺伝子診断が可能である。絨毛穿刺や羊水穿刺によって得られた胎児由来の組織を用いて、遺伝疾患の出生前診断が可能である。また、血縁者に遺伝病が発生している場合、リスクのある人を対象としてその遺伝病が発症するか否かの発症前診断も可能である。同じ遺伝病でも遺伝子変異は家系ごとに異なることが多いので、遺伝子診断を行う際には家系ごとに慎重に進める必要がある。遺伝病の発症前遺伝子検査は次のような場合行われる。①遺伝子変異が明らかにされた患者の未発症の血縁者（出生前診断の場合は胎児）を対象とする検査、②家系内の患者の遺伝子変異は明らかにされてはいないが、リスクのある人を対象とする検査などである。遺伝子変異がすべて明らかになっているわけではないので、検査した範囲で遺伝子変異がないことが、必ずしも発症を免れることを意味しないことに特に注意が必要である。

ＥＬＳＩワーキンググループは、特に発症前遺伝子診断を実施する場合のガイドライン、倫理審査委員会の機能等について検討を重ねる役割が大きい。筆者も、家族性腫瘍研究会倫理委員、ガイドライン作成ワーキンググループの一員として、ガイドラインの改訂に参加してきた。

家族性腫瘍研究会では一九九五年五月の発足当初より倫理問題を重要視し、倫理委員会を設け、関連問題について検討を重ねてきた。一九九六年には、計三回の「家族性腫瘍研究会倫理的・法的・社会的問題を検討する会（ＥＬＳＩ検討会）」が開催された。検討会には、家族性腫瘍研究会のメンバーをはじめ、家族性腫瘍の研究に携わる各臓器別の臨床家、精神医学、病理学、分子腫瘍学、疫学、看護学の各専門家が参加した。また、家族性腫瘍の領域の研究者だけではなく、がん以外の遺伝学者、バイオエシックス、法学、心理学、科学史、医療政策の専門家、生命保険会社関係者、ジャーナリスト、さらに当事者の立場から被検者の方も参加した。その結果、遺伝子診断や遺伝研究自体がもつ倫理的問題、および実際に遭遇する個々の状況における倫理的ジレンマが検討された。そして最終的には遺伝子診断に際して被検者の人権を保護しながら家族性腫瘍の研究・診療を行っていくために、会員が自らを律するガイドラインが必要であるという結論に達した。

これを受けて、一九九七年一月に倫理委員会のもとに、ELSI検討会に新たな委員を加え、学際的なガイドライン作成ワーキンググループ（以下ワーキンググループ）が設置され、ガイドライン案の作成作業が始められた。ここでは、まず、「ヘルシンキ宣言」「医薬品の実施に関する基準（ICH-GCP）」「ヒトゲノム宣言（UNESCO）」「欧州生命倫理条約」「遺伝医学と遺伝サービスにおける倫理的諸問題に関して提案された国際的ガイドライン（WHO）」「ハンチントン病のガイドライン」「人類遺伝学会の遺伝相談、出生前診断に関するガイドライン、遺伝性疾患の遺伝子診断に関するガイドライン」、アメリカにおける種々の合意形成会議の記録や声明文・勧告、雑誌の特集号など、国内外の文献を参照した上、ガイドライン起草委員が草案を作成した。それをもとに、ワーキンググループの検討会にて、各々の臨床ならびに研究の現場の状況と日本社会の現状を照らし合わせながらガイドラインを練り上げた。

現在、ガイドラインは二〇〇〇年版に至っている（http://jsft.umin.jp/guideline.html）。

さらに、厚生労働省ミレニアムガイドラインの意見公募にも、家族性腫瘍研究会ガイドライン作成ワーキンググループ有志は「厚生労働省指針（案）に対する意見」を連名で提出した。これをあえて示すのは、ガイドラインを作成する専門家といえども、じっくり考えるべき点が多々あり、それを踏まえてこそ、優れて実用的なガイドラインが整備されるということを知っていただきたいからである。

遺伝子検査に対する意識調査——特に生命保険の逆選択の視点から

A. 調査方法

遺伝子検査にもとづく医療に関し調査を行い、問題点を明らかにするため二〇〇〇年に筆者らは意識調査を実施した。[8][9] 医育機関名簿より抽出した中堅医師二〇〇名（抽出率二・四九％）、二県の医師会名簿より抽出した各二〇〇名（同七・一四％、三・三二％）の計六〇〇名を対象とした郵送自計方式の意識調査および、政令都市の二〇～六四歳の住民を対象とし、一区役所管轄下の住民基本台帳より六〇〇名を抽出（抽出率一・五七％）した郵送自計方式の意識調査の結果を分析した。

調査は、匿名性を確保し、結果は統計的に処理し、プライバシーの保護に特に配慮した。

B. 調査結果

1)医師に対する調査結果：有効回答数二〇四（回答率三四・〇％）、年齢四七・三プラスマイナス一〇・九歳、臨床経験年数二一・五プラスマイナス一一・〇年。

遺伝子検査と生命保険との関連：「病気のかかりやすさに応じた保険料設定の是非」について、「そう思う」四六・八％、「そうは思わない」三五・三％、「わからない」一七・九％である。「病気のかかりやすさを判断するため保険加入時に遺伝子検査が必要」は、各七・五％、八二・一％、一七・九%。「遺伝子診断で病名を知っている場合は保険加入時に申告が必要」は、各三一・五%、四三・〇%、二五・五%。

「遺伝子診断で重い病気が見つかった患者には生命保険にかかわる支援策が必要」は、各七八・〇%、六・〇%、一六・〇%。「保険会社が遺伝情報を用いることに対して法的規制が必要」は、各八九・六%、二・五%、八・〇%。

患者が持参した保険の診断書で、遺伝情報を含む病名が求められた場合、「病名のみ記載」五六・五%、「遺伝情報を含む病名を記載」「理由を説明した上で診断書を発行しない」が各々一三・〇%である。

また、疾患別の遺伝子検査の重要性、および実施の状況は、表1のとおりであった。

過去一年間の診療で遺伝や遺伝子について患者・家族から質問を受けたかについて、「受けた」四〇・四%、「受けなかった」五九・六%である。遺伝子検査の必要度が高い疾病は、大腸ポリポーシス、糖尿病、高脂血症、白血病の順である。

一方、遺伝子検査の実施で、「有」の割合が最も高いのがC型肝炎の八・一%で、次いで白血病、糖尿病、大腸ポリポーシスの順である。病気との関連が十分に明らかになっていない遺伝子を検査する場合、患者への説明は、「遺伝子検査の内容を説明」五六・四%、「遺伝子検査であることは伝える」一〇・八%、「検査を行うことは伝え、遺伝子についてはふれない」七・七%である。

医師が考える「遺伝子診断が一般化した場合に検査を受けた患者が最も心配すること」は、「自分が発病する可能性」が三六・三%と最も多く、次いで「家族が発病する可能性」「病気の予防法・治療法」「結婚・妊娠」「今後どう生きるか」の順である。遺伝子診断を受ける患者に与えられるべき

表1　遺伝子検査の日常診療上の必要度・遺伝子検査の実施

		（なし） 低い ←— 必要度 —→ 高い						実施の有無	
	平均値	0	1	2	3	4	N	実施率	N
1. 胃がん	1.43	39.2%	21.7%	11.2%	13.3%	14.7%	143	1.7%	175
2. 大腸がん	1.83	34.2%	14.1%	9.4%	18.8%	23.5%	149	1.1%	176
3. 肺がん	1.53	36.2%	21.3%	10.6%	17.0%	14.9%	141	0.6%	171
4. 乳がん	1.81	30.7%	16.0%	14.7%	18.7%	20.0%	150	0.0%	175
5. 卵巣がん	1.47	36.7%	18.7%	18.7%	13.0%	13.0%	139	0.0%	171
6. 白血病	1.98	28.4%	14.9%	12.8%	18.4%	25.5%	141	6.4%	172
7. 大腸ポリポーシス	2.47	25.0%	6.1%	10.1%	14.9%	43.9%	148	2.9%	175
8. 多発性硬化症	1.71	33.1%	16.9%	14.7%	16.2%	19.1%	136	0.6%	167
9. パーキンソン病	1.70	31.9%	17.0%	18.4%	14.9%	17.7%	141	1.2%	169
10. アルツハイマー病	1.76	32.4%	15.1%	16.6%	16.6%	19.4%	139	0.6%	169
11. 難聴	1.38	36.5%	19.7%	20.4%	16.1%	7.3%	137	0.6%	168
12. 網膜色素変性症	1.81	29.4%	15.4%	17.7%	19.9%	17.7%	136	0.6%	169
13. 精神分裂病	1.61	32.9%	19.6%	14.7%	19.6%	13.3%	143	1.2%	170
14. 躁うつ病	1.38	36.2%	23.4%	16.3%	14.9%	9.2%	141	0.6%	169
15. 慢性関節リウマチ	1.68	31.3%	19.1%	17.7%	14.3%	17.7%	147	1.8%	171
16. 糖尿病	2.30	21.7%	8.6%	14.5%	28.3%	27.0%	152	4.9%	163
17. 高血圧症	1.89	30.6%	10.2%	17.0%	23.8%	18.4%	147	1.9%	162
18. 高脂血症	2.03	27.3%	8.7%	16.7%	28.0%	19.3%	150	1.8%	163
19. 心筋梗塞	1.56	35.3%	14.4%	20.9%	18.0%	11.5%	139	1.3%	159
20. 骨粗しょう症	1.34	36.1%	21.5%	22.9%	11.1%	8.3%	144	0.6%	159
21. 動脈硬化症	1.41	38.5%	18.9%	16.1%	16.8%	9.8%	143	2.5%	160
22. HIV感染症	1.40	41.8%	19.9%	9.9%	13.5%	14.9%	141	1.9%	157
23. C型肝炎	1.47	40.3%	19.4%	9.7%	13.9%	16.7%	144	8.1%	161
24. 細菌（O-157等）	1.20	46.4%	19.6%	13.8%	8.7%	11.6%	138	2.5%	159
25. 耐性菌（MRSA等）	1.33	43.2%	18.0%	13.7%	13.0%	12.2%	139	1.3%	160

情報で重要なものは、「発症・予防・治療の可能性」「検査の目的・方法・精度」「プライバシーの保護」「検査の自己負担金」の順である。

遺伝子診断を進める上で重要なのは、「予防・治療法の開発」「検査の方法・精度の改善」「倫理面の配慮」「医師と患者の信頼関係」「個人情報管理」「遺伝カウンセラーの養成」の順である。

人のクローン研究について「禁止すべき」六四・七%に対し、「進めるべき」一四・七%、「わからない」二〇・七%である。禁止すべき理由は、「人間の尊厳が失われる」「医学的な安全性に問題」「規範・道徳が崩壊」「個が失われる」の順である。一方、進めるべき理由は、「遺伝病の治療に役立つ」「移植を推進」「難しい病気の解明」の順である。

2) 市民への調査結果：有効回答数は一九二（回答率三二・〇%）、年齢四二・三プラスマイナス一四・〇歳、男四七・四%、女五二・六%である。

遺伝子検査と生命保険との関連：「病気のかかりやすさに応じた保険料」について、「そう思う」四四・八%、「そうは思わない」三七・五%、「わからない」一五・一%である。「保険加入時に遺伝子検査が必要」は、各一三・五%、六七・七%、一六・七%である。「病名を知っている場合には保険加入時に申告すべき」は、各三二・三%、四一・七%、二四・五%。「生命保険にかかわる支援策」は、各八七・〇%、五・二%、五・七%。さらに「法的規制が必要」は、各八九・六%、一・六%、六・八%である。

C. 考察

1. 遺伝子医療に関する調査結果を分析してみることにする。「生命保険にかかわる支援策が必要か」

について、「そう思う」と回答したものの割合は医師よりも市民の方が高く（p＜0.01）、具体的な救済策が今後必要となると考えられる。わが国ではすでに、医療費については特定疾患研究事業により、医療費の自己負担が大幅に減額、減免されている。生命保険に代わる具体的な支援策に関して、本人の医療費部分は特定疾患の制度を維持してゆくことでカバーできるであろう。生命保険加入を謝絶された場合、遺族に対する給付部分について、どのような支援をなすべきか、今後詰めてゆく必要がある。生命保険の逆選択を避ける上で、生命保険会社が、遺伝子検査の情報を加入時に求めたり、遺伝病名を明記した診断書を求めることに関しては、被検者、患者・家族の保護のため、生命保険会社が遺伝情報を用いることに法的規制を加える方法と、ガイドラインで医療側が遺伝情報を提供しない旨を定める方法を併用することが望ましいと考えられる。当面、生命保険の危険選択に遺伝子診断を用いることについて、遺伝子検査ガイドラインで規制することが重要と考えられる。

後述のとおり、二〇〇〇年一〇月英国保健省はハンチントン病遺伝子検査結果を生命保険会社が商業目的で利用することを条件つきで認める方針を示した。[10]しかし、その後二〇〇一年一〇月、五年間の実施猶予が決定された。

遺伝カウンセリングの整備（Andersen PM, et al;Genetics of ALS, in Amyotrophic Lateral Sclerosis, 223–250, 2000）と生命保険に代わる救済策こそが今後必要となろう。

D．British Medical Journalの遺伝子医療と生命保険に関する調査結果

二〇〇一年四月二八日～五月三日に、ＢＭＪが読者に行った遺伝子医療に関する調査結果[11]を我々の上述の調査結果と対比して示す。

回答者七二一人の最終的な結果：
1．保険会社は遺伝子検査の結果にアクセスしてかまわないでしょうか？
はい八％、いいえ八六％、わからない四％、無回答二％
日本医師：はい二・五％、いいえ八九・六％、わからない八・〇％
日本市民：はい一・六％、いいえ八九・六％、わからない六・八％
2．消費者は民間企業の易罹患性遺伝子検査を利用してもかまわないでしょうか？
はい二三％、いいえ六八％、わからない八％、無回答一％
3．両親が、自分の子どもの性を選ぶのに、着床前診断を用いることは許されるでしょうか？
はい一五％、いいえ七八％、わからない五％、無回答二％
4．もし遺伝学的進歩（例えば、高い知能の子どもを選ぶこと）が、可能になるならばそれは許されるでしょうか？
はい一五％、いいえ七三％、わからない一〇％、無回答二％
5．遺伝子検査のすべての方式は、政府立法により制限されるべきですか？
はい七一％、いいえ一八％、わからない九％、無回答二％
6．健康について遺伝的決定因子についての研究は、社会的側面や環境の研究より重要ですか？
はい一七％、いいえ七一％、わからない一一％、無回答一％
わが国、医師、市民とも、生命保険会社が、遺伝子検査の結果を、危険選択に用いることに対して
BMJ調査よりわずかながら厳しい見方をしている。
遺伝子検査の結果をどのように扱うべきか、特に生命保険の危険選択との関連で遺伝子情報のもつ

特殊性は、次の七つのPであるとされる。
① Personal（個別的である）
② Predictive（予知的である）
③ Powerful（影響力大である）
④ Private（要守秘である）
⑤ Pedigree-sensitive（家系に及ぶ）
⑥ Permanent（永久的である）
⑦ Prejudicial（差別・偏見をよぶ）

これら、七つのPに配慮し、法令をもって規制をなそう[12]、ただし例外規定をも明示して、政府が遺伝子医療を指導監督しようというのが、イギリス等ヨーロッパ諸国の姿勢である。

E．国内生命保険会社の遺伝子診断への姿勢

毎日新聞調査によると、国内生保の半数以上が加入審査に反映を検討している。その調査結果の概要を以下に示す。

発病前や出生前の遺伝子の異常を調べて将来の病気の可能性を診る遺伝子診断について、国内の主な生命保険会社の半数以上が、診断結果を保険加入の審査に反映させることを将来的に検討していることが二〇〇〇年四月、毎日新聞調査でわかった。生涯変わることがなく「究極のプライバシー」とされる遺伝子情報を、保険審査に反映させることについては「生まれながらの平等に反する」として、諸外国では法律などで禁止している地域もある。だが国内には、生命保険と遺伝子診断をめぐる明確

なルールはなく、今後、早急な対策が求められることになりそうだ。遺伝子情報に関する生保各社の対応が明らかになったのは初めてである。

毎日新聞が国内の主要生保二六社を対象に、(1)保険加入の際に遺伝子診断の結果を保険会社に告知する義務があるか、(2)結果によっては保険加入を拒否することがあるか、(3)掛け金などに格差をつけることはあるか――などの項目についてアンケート調査。「答えられない」などとした社を除く一九社から回答を得た。[13]

保険審査に反映させるべきでないと明確に答えた会社はわずか四社で、残りの一五社が何らかの形で反映させることについて検討の可能性を示した。一五社のうち、九社は「遺伝子診断が一般的医療行為となった段階で検討したい」「社会通念上妥当とされる時代には（審査への反映が）あり得る」などと条件をつけたが、残りの六社は「告知事項だ」「（診断結果次第で被保険者の）掛け金に格差をつけることは現実性がある」など、より前向きな姿勢を示した。

遺伝子診断と生命保険をめぐっては、オーストリアなどに保険会社が遺伝子情報を利用することを制限する法律がある。米国でも一部の州で保険の加入の際などに遺伝子情報による差別を禁止する州法が制定されている。一方、日本国内では、生命倫理問題を検討している科学技術会議（首相の諮問機関）の小委員会が、「遺伝的情報を理由に差別されてはならない」とした原則案をまとめるなどしているが、具体的なルール作りは進んでいない。今回の調査結果について、生命保険協会広報部は「保険の契約加入の審査は各社の判断でやっており、遺伝子診断の問題もその一環と考えている。今の段階で協会として何らかの方向を示すことはない」としている。

遺伝子診断の結果を第三者が利用することの是非について、国内では十分な議論が行われていない。

今回の生保会社へのアンケート調査では、過半数が加入時の審査に遺伝子診断を将来的に利用することに肯定的姿勢を示したが、生命保険だけでなく、企業が社員採用時に遺伝子診断を義務づけるようなケースも想定される。生命科学の急速な進歩に対し、法的・倫理的問題が遅れたままでは混乱は必至で、早急に一定の枠組みを設けることが必要だろう。遺伝子診断は、遺伝子の本体であるDNAの塩基配列に通常と異なる部分があるかどうかを調べ、発病の可能性を調べる技術。DNAの採取は、採血や口の粘膜を綿棒でぬぐうといった簡単な方法でも可能になった。

今のところ、遺伝子診断で確実に調べることができるのは、原因遺伝子が特定されている一部の遺伝性疾患だけだが、人間の全遺伝子の構造と機能を解析する国際的なヒトゲノム計画の進捗もあって、将来的にはもっと広範囲の病気や体質なども診断できるとされる。

一方で遺伝子診断の結果は、場合によっては家族にまで影響が及ぶ深刻な「遺伝子差別」を引き起こす可能性もある。約二〇州で就職や保険加入の際の遺伝子差別を禁じる法律がある米国では、クリントン大統領（当時）が、連邦職員の採用や昇進に関して遺伝子診断の結果を利用することを禁じる大統領令に署名した。

今回の調査で、過半数の生保会社が遺伝子診断の利用を肯定的にとらえている背景には、遺伝子に異常のある人ばかりが生命保険に加入すれば、結果的に保険金の支払い額が急増して、収支が悪化するという懸念がある。

しかし、なし崩し的な第三者利用は、就職、入学、婚姻などに際しても遺伝子診断が使われることにつながりかねない。「遺伝的特徴を理由にした差別」とは何なのか、どう防ぐのか、幅広い議論を経た指針づくりが求められる。

F．イギリスの遺伝子検査商業利用解禁

生命保険と遺伝子検査の関連については、イギリスにおける進展が注目される。それについては、武藤の優れた解説がある。[14]

その一部を引用することによってイギリスの状況を知る手がかりとしたい。

〈二〇〇〇年一〇月、イギリスの保健省は生命保険会社に対し、ハンチントン病の家族が過去に発症前遺伝子検査を受けたのかどうか、またその結果について確認する権利を認めた。認可されたのは、発症している家族との遺伝的関連性をみるリンケージ検査と、直接的なDNA検査の二種類である。保険会社に課せられた条件は、データ保護法（Date Protection Act）に則って個人の医療記録へアクセスすること、今後の保険数理研究の進展を保健省に報告すること（陽性だった人々が、未発症の期間と発病後の症状に応じて保険に加入できる道を模索するため）などであり、保険金が一〇万ポンド（約一七〇〇万円）以下の、住宅ローンの適格担保となる生命保険に関しては対象外とされた。

今回の決定を認可した、保健省内の専門監視機関であるGAIC（Genetics and Insurance Committee）は「ハンチントン病をはじめとする特定の遺伝性疾患の家系に属する人々は、保険に加入できないなどの困難に直面している。保険会社に検査受診経験の質問をする権利と、その結果を聞く権利を認めれば、診断を受けて結果が陰性だった人々は、晴れて通常の掛け金で保険に加入できる」というメリットを発表している。Harperらによると、イギリスのハンチントン病の発症前検査は、一九九七年までに二九三七件が行われているが、全体の四一・四％は「発症リスクが高い」とする結果であった。GAICの説明にそのまま乗るとすれば、今回の決定によって、四一・四％の人々に対しては、より高額な保険料設定や加入謝絶が容認される可能性が強まり、残りの五八・六％の人々が

通常の保険に加入できることになる。

一九九〇年代の中ごろからは、検査結果にもとづく差別への具体的な懸念が表明される論文が出てくるようになり、雇用や保険における遺伝子差別の現状についても明らかになってきた。アメリカでは、Laphamらが遺伝性疾患の当事者団体に所属する三三二名に対して遺伝子差別の経験を調査したところ、二五％の回答者は生命保険の加入謝絶、二二％が健康保険の加入謝絶、一三％は失業を経験しており、「それらの困難は遺伝的素因による差別だと認識されている」と述べている。イギリスではLowらが、イギリスで七〇〇〇名の遺伝性疾患当事者を対象に調査を行い、「三三％の回答者は、生命保険加入時に高額の保険金や加入謝絶などの不利益を受けた」と報告している。保険会社は「九五％の加入者が平均的な保険料で加入できるのに対して、残りの四％は高い保険料を提示され、一％は加入謝絶される」というデータを提示しているが、Lowらは、コントロール群として一般の人々を対象に行った調査結果と照らし合わせてみても、そのとおりの比率の結果になったと判断する。しかし、障害者差別禁止法（Disability Discrimination Act）のなかで一定の条件下で認められている保険における「区別」を超えて、非合法的な差別が存在することも指摘している。

一九九七年二月、イギリスの保険業職能団体であるＡＢＩ（Association of British Insurers）が声明を発表し、「保険会社に遺伝子検査の結果へのアクセスを禁じることによって、既に検査を受けて最も発病リスクの高い人々がより高額の保険商品を購入する可能性がある。そうなると、すべての人々により高い保険料を求めなければならない」と「逆選択」を恐れる保険会社が、遺伝子検査の結果を利用できるようにしたいと訴えた。そして、一二月一七日には『遺伝子検査に関する実施要綱』を発表している。保険金が一〇万ポンド（約一七〇〇万円）以下の、住宅ローンの担保となる生命保険に関しては、検査結果を利用しないモラトリアム期間をもつとの条件をつけながらも、「保険加入希望者に検査受診を強制することはない。だが、加入申込書のなかで検査受診の経験を尋ねられた場合には、加入希望者は結果を伝えるべきだ」と主張していた。

その後、保健省はHGAC（Human Genetics Advisory Commission）、遺伝子治療を対象にしたGTAC（Gene Therapy Advisory Committee）を統廃合し、二〇〇〇年四月から新しくHGC（Human Genetics Commission）を創設している。HGCは、幅広く遺伝子解析研究や臨床応用における社会的影響を予測・検討する機関として設置された。だが、HGCでは、保険業界における検査結果の利用について、内部の遺伝子診断小委員会においても、また親委員会でも、一度も議題になることはなかった。こうした保健省の姿勢からうかがえることは、保健省は当初から逆選択の防止に積極的であったという点である。発病の原因が一〇〇％遺伝的素因にあり、浸透率が高い疾患であるとしても、その遺伝子情報が医学・医療目的以外に使用されてよいのかどうかについて、改めて問い直す機会はなかったといえるだろう。つまり、その点では保健省とABIともあらかじめ一致していたとも考えられる。

イギリス政府は、単一遺伝子疾患に限って、生命保険会社に検査結果を利用する権利を認めた。検査を受けて陽性だった人々をどのように救済するか、検査受診の自己決定が「保険」に影響されないようにするにはどのようなシステムが必要か、という問題は残したままである。しかし、既に潜行する不当な差別の問題を無視することなく、検査結果の利用について逐一審査するシステムを保険業界に認めさせた意義は大きい〉

ハンチントン病に続いて認可申請の候補となっているのは、家族性腺腫性ポリポーシス（FAP）、筋ジストロフィー、家族性アルツハイマー病、多発性内分泌腺腫症、遺伝性運動・感覚ニューロン障害Ⅰ型、単一遺伝子が関与する遺伝性乳がんの六疾患である。

その後、二〇〇一年一〇月、イギリス政府は、いったん認める方針を打ち出したハンチントン病に関する遺伝子検査の商業的利用許可に関し、その実施を五年間据え置くことを決定した。

G．出生前遺伝子診断に関する米国の状況と問題点

米国シカゴのＲＧＩ（Reproductive Genetics Institute）は、選択的妊娠中絶を回避するため、出生前診断に続く異常な児の誕生を防ぐ目的で、発症前遺伝子診断を実施してきた。ＲＧＩは、第一と第二の極体のサンプリングにより着床前遺伝子診断をも実施している。特定の遺伝病に関して第一と第二の極体を検査することによって、遺伝学者は、女性の卵が対応する疾患遺伝子をもつか否かを診断できる。その手続きは、ＤＮＡ分析によって検知できる遺伝疾病の既知のキャリヤーであるカップルに提示される。ＲＧＩの医師は、嚢胞性線維症、サラセミア、テイ-サックス病、鎌状赤血球症および他の疾患について一〇〇件以上の着床前遺伝子診断をすでに実行したとホームページに明示している。対象疾患の概要を表2に示す。

米シカゴのＲＧＩ病院が、がんになりやすい遺伝子の変異を親から受け継いでいるかどうかを受精卵の段階で遺伝子診断し、変異がないと判定した受精卵だけを母胎に戻して出産させていたことがわかった。二〇〇一年六月一八日付米「シカゴ・トリビューン」紙が報じた[15]。

受精卵の遺伝子診断は通常、出産後すぐ死亡する病気などが対象で、大きくなるまで発病しないがんのような病気に実施されたのは初めてだという。治療を実施したのはシカゴの生殖遺伝学研究所。

表２　着床前遺伝子診断の実施対象疾患

サラセミア
ゴーシェ病
筋緊張性ジストロフィー
フェニルケトン尿症（PKU）
網膜芽細胞腫
HLA Genotyping
Fanconi貧血
Alzheimer病（AAP遺伝子）
網膜色素変性症
水疱性表皮剝離症
P53癌遺伝子（P53 Oncogene）変異
オルニチントランスカルバミラーゼ（OTC）欠損
神経線維腫（NF1&NF2）
複合骨端形成異常
軟骨形成不全
LCHAD
Xリンク水頭症
ADA欠損症
染色体転座
低フォスファターゼ血症（Hypophosphatasia）
嚢胞性線維症
テイ-サックス病
血友病AおよびB
色素性網膜炎
鎌状赤血球症
アルポート症候群
アルファ1抗トリプシン
脆弱X
Duchenne型筋ジストロフィー症
レッシュナイハン症候群
Rh溶血性疾患
X連鎖遺伝性疾患性別鑑別

（出典：http://reproductivegenetics.com/preimplantationより改編）

患者はニューヨーク在住の夫婦で、三八歳の夫は、がんになりやすい「リー・フラウメニ症候群」と診断され、細胞のがん化を防ぐ遺伝子p53に変異がある。体外受精の手法で作った一八個の受精卵の遺伝子を調べて、この変異のない受精卵だけを母胎に戻したところ、健康な男児が生まれた。[16]

H. わが国ガイドラインの出生前遺伝子診断に関する対応

日本遺伝カウンセリング学会、日本遺伝子診療学会、日本産科婦人科学会、日本小児遺伝学会、日本人類遺伝学会、日本先天異常学会、日本先天代謝異常学会、家族性腫瘍研究会「遺伝学的検査に関するガイドライン(案)」平成一三年三月二七日には、出生前遺伝子診断に関する第三項および追記Ⅱ.がある。[17] 晩発性遺伝性疾患については、基本的に出生前診断は行わない方針である。該当箇所を引用する。

3. 遺伝学的検査は倫理的諸問題を十分考慮した上で、行われなければならない。

(1)被検者が遺伝学的検査の実施を要求しても、担当医師が倫理的、社会的規範に照らして、もしくは自己の確固たる信条として同意できない場合は、その理由をよく説明した上で、検査の施行を拒否することがあり得る。但し、この場合には、他の医療機関を紹介することが考慮されなければならない。

(2)治療法又は予防法が確立されていない成人期以後に発症する遺伝性疾患について、小児期に遺伝学的検査を行うのは、基本的に避けるべきである。

(3)発症前検査、易罹患性検査および出生前検査については追記に記載する。

追記Ⅱ. 出生前検査と出生前診断

妊娠前半期に行われる出生前検査・診断には、羊水、絨毛、その他の胎児試料などを用いた細胞遺伝学的、遺伝生化学的、分子遺伝学的、病理学的な解析法などがあり、現在の診断技術および遺伝医学知識を考慮して、以下のような見解の提示が可能である。

1．出生前検査・診断は倫理的にも社会的にも多くの問題を包含していることに留意し、特に以下の点に注意して実施する必要がある。

(1)胎児が罹患児である可能性（リスク）、検査法の診断限界、副作用などについて検査前によく説明し、十分な遺伝カウンセリングを行うこと。

(2)検査の実施は、十分な基礎的研修を行い、安全かつ確実な技術を習得した産婦人科医あるいはその指導のもとに行われること。

2．絨毛採取、羊水穿刺など、侵襲的な出生前検査・診断は下記のような妊娠について、夫婦からの希望があり、検査の意義について十分な理解が得られた場合に行う。

(1)夫婦のいずれかが、染色体異常の保因者

(2)染色体異常症に罹患した児を妊娠、分娩した既往を有する場合

(3)高齢妊娠

(4)妊婦が重篤なX連鎖遺伝病のヘテロ接合体

(5)夫婦のいずれもが、重篤な常染色体劣性遺伝病のヘテロ接合体

(6)夫婦のいずれかが、重篤な常染色体優性遺伝病のヘテロ接合体

(7)その他、胎児が重篤な疾患に罹患する可能性のある場合

3．重篤なX連鎖遺伝病のために検査が行われる場合を除き、胎児の性別を告げてはならない。

4．出生前診断技術の精度管理については、常にその向上に努めなければならない。

5．母体血清マーカー検査の取り扱いに関しては、先に出された厚生科学審議会先端医療技術評価部会・出生前診断に関する専門委員会の見解、日本人類遺伝学会の見解、日本産科婦人科学会周産期委員会報告を十分に尊重して施行する。

6．着床前検査・診断は極めて高度な知識・技術を要する未だ研究段階にある遺伝学的検査を用いた医療技術であり、倫理的側面からもより慎重に取り扱う必要がある。実施に際しては、日本産科婦人科学会の会告に準拠する。

ちなみに、家族性腫瘍研究会ガイドライン（二〇〇〇年版）[18]では、「遺伝子診断の対象は、原則として家族歴、腫瘍の種類、発症年齢等から家族性腫瘍であることが疑われる場合、あるいは研究の目的上コントロール試料を得る等の目的で対象とせざるを得ない場合に限る。また、未成年者を対象とする場合には、当該検査が本人に対して直接の利益となる可能性がある場合に限る。

家族性腫瘍同定のための遺伝子検査は、その精度や浸透率から、出生前診断の医学的な根拠とは、多くの場合、現時点ではなり得ない」と明言している。

I．ハンチントン病の出生前遺伝子診断

ハンチントン病に関しては、早くから遺伝子診断ガイドラインが行われているが、そのなかで、出生前診断の問題を以下のように扱っている。該当箇所をガイドラインから引用する。[19]

7．出生前診断

7・1　ハンチントン病の原因遺伝子に関する出生前診断は、親が診断を既に受けている場合にの

み実施されるというのが原則である。例外事項は7・3を参照のこと。

両方の親が出生前診断に賛成していることが最も望ましい。もし両者の間で葛藤が起きている場合には、同じ結論に導かれるようにカウンセラーや両者自身があらゆる努力をもって対応するべきである。ただし、例外的な状況は（レイプや近親相姦による妊娠）はこの項目から除外される。

7・2　出生前診断を希望するカップルが、「胎児が原因遺伝子を有している場合には中絶を行いたい」という理由で診断を希望している場合、これは診断を実施する理由として妥当ではないことをはっきりと伝えておくべきである。また、この状況は2・1の勧告に反する。「原因遺伝子をもって生まれた子どもが成人に達してから診断を受ける」という選択はできなくなってしまうからである。胎児を診断することは、流産の危険や、あるいは先天性異常へのリスクがわずかに生じる。

7・3　出生前診断を行う施設は、もし五〇％のリスクをもつ人が特に希望する場合には、将来の妊娠のための排除診断（exclusion test）を実施してもよい。この診断では、リスクのある本人とそのパートナー、両親、そして胎児が検査を受ける必要があり、DNAのプローブを結びつけるだけで診断できる。

排除診断は原因遺伝子が発見される以前にしばしば行われてきたが、その目的は五〇％のリスクをもつ人に対して、その人の五〇％のリスクについてははっきりさせずに、原因遺伝子をもつ子どもをもつ可能性そのものを排除することを認めることである。この診断によって、胎児に五〇％のリスクがある場合には妊娠の終結が可能となり、胎児のリスクが低い場合には妊娠の継続ができるようになる。

J．家族性ＡＬＳにおける発症前遺伝子診断

アンダーソンらは、スーパーオキシドディスムターゼ（Cu/Zn Superoxide dismutase）の遺伝子変異を総括し、Codon 90, Asp–Ala D90Aに関し、発症前遺伝子診断が臨床上意味をもち得る可能性を指摘している。ハンチントン病ガイドラインを踏まえ、家族性ＡＬＳの発症前遺伝子診断について、臨床ガイドラインを定めて対応してゆく必要がある。[20]

K．遺伝カウンセリングの問題

国の予算を使う遺伝子研究に関するガイドラインが二〇〇一年三月整備され二〇一三年二月に改正された。そのなかで、遺伝カウンセリングの提供に関する部分を引用する。

第三　提供者に対する基本姿勢

(6)研究責任者は、単一遺伝子疾患等（関連遺伝子が明確な多因子疾患を含む。）に関する遺伝情報を開示しようとする場合には、医学的又は精神的な影響等を十分考慮し、診療を担当する医師との緊密な連携の下に開示するほか必要に応じ、遺伝カウンセリングの機会を提供しなければならない。

9．遺伝カウンセリング

(1)ヒトゲノム・遺伝子解析研究における遺伝カウンセリングは、対話を通じて、提供者及びその家族又は血縁者に正確な情報を提供し、疑問に適切に答え、その人たちの遺伝性疾患等に関する理解を深め、ヒトゲノム・遺伝子解析研究や遺伝性疾患等をめぐる不安又は悩みに応えることによって、今後の生活に向けて自らの意思で選択し、行動できるように支援し、又は援助することを目的とする。

(2)遺伝カウンセリングは、遺伝医学に関する十分な知識を有し、遺伝カウンセリングに習熟した医師、医療従事者等が協力して実施しなければならない。[21]

上記のガイドライン規定を遵守するだけでは不十分であり、医学的、心理的問題の他に、社会的、倫理的、法的問題等も考慮されるべきであろう。遺伝カウンセリングにおいては、単に医学的情報の提供と心理支援が行われるだけではなく、関連する社会的、倫理的、法的問題についても情報を提供し、対象者の相談にのる機能を有するべきである。具体的には、生じる可能性のある生命保険等の差別の問題について話し合ったり、血縁者間の結果の開示に関して倫理的な面を話し合ったり、患者支援団体を紹介したり、必要に応じた専門家、専門機関を紹介したり、といったことが担われるべきであると考える。

このような社会的倫理的法的問題をも見据えた、神経難病遺伝子検査ガイドラインを作成することは必要である。

また、筋萎縮性側索硬化症のＱＯＬ測定に関し、従来は全般的スケールやそれらを準用したもの、例えばSF–36, SIP, McGill Scale, SIP/ALS–19, ALS functional rating scale（ALSFRS）などが使用されていたが、本症に特異的なＱＯＬスケールthe ALSAQ–40が開発され、妥当性が確認されている。大生定義らは二〇〇四年に日本語版を策定した。神経難病患者のＱＯＬ向上をめざす、本研究班においては、家族性ＡＬＳ患者・家族を対象とした、遺伝子診断がもたらすインパクトについて、ALS AQ–40, SDS, STAIを用いた調査を行う必要があると考える。

患者家族のＱＯＬ向上のために、神経難病に関する調査として今後必要なものは、患者・家族の社会的状況に関する研究であり、生命保険加入や結婚・就職の際の差別等の問題を含む、患者・家族がおかれている社会的な状況を調査票により明らかにすることである。また既存のガイドラインに上乗せするかたちで臨床ガイドラインを作成し、遺伝子診療におけるＱＯＬ変化に関する研究として遺伝子診断等の医療的介入により、患者のＱＯＬがどのように変化するかを明らかにすることである。今後これらの課題に取り組みたい。

わが国における遺伝性疾患の社会的不利益

日本人類遺伝学会、日本遺伝カウンセリング学会などの一〇学会は、臨床遺伝子検査の指針を二〇〇三年八月発表した。また、ユネスコは同年一〇月一六日、「ヒトゲノムと人権に関する世界宣言」を採択、個人の秘密保持、差別禁止を定めた。米国では、二〇〇三年一〇月一五日厳しい罰則を規定した「遺伝情報差別禁止法案」（Genetic Information Nondiscrimination Act）が上院を通過、HIPAA（Health Insurance Portability and Accountability Act）による個人情報保護の法的保護がさらに強化されようとしている。わが国における遺伝性難治性疾患患者・家族の、生命保険等加入に関する不利益については必ずしも明らかでない。そこで、筆者らは、家族性大腸腺腫症（ＦＡＰ）患者・家族の状況について調査し、遺伝子検査の不利益を最小化する方策を探る。ＦＡＰを対象とした理由は次の四点である。

1. ＡＰＣ遺伝子診断の臨床的意義が確立している。
2. 「家族性腫瘍の易罹患性に関する研究と臨床に関する遺伝子検査ガイドライン」が整備されている。
3. 「家族性大腸腺腫症患者（ＦＡＰ）に対するがん予防試験：J-FAPP」倫理モニタリング委員

会が機能している。

4. 検査前後の遺伝カウンセリング体制が整備されている。

倫理モニタリング委員会の審査のもと、各施設の倫理委員会の承認を受け、患者・家族のインフォームドコンセントを得て調査を実施、連結不可能匿名化の後解析した。

生命保険等加入に関する社会的不利益については、患者（九五名に呼びかけ七九名が回答）の五〇％が「不利な扱いなし」、二六％が「加入を断られた」、一一％が「不利益を受けた」、一三％が「わからない」と回答した。家族（七八名）であるが、八二％が「不利な扱いなし」、六％が「加入を断られた」、六％が「不利益を受けた」、六％が「わからない」と回答した。

不利益についての記載：「A保険から私以外なら加入できると書状で返事が届いた。十数年前です。昨年、（民間）介護保険に加入しようとしたがポリポージスの事も保険医に申告したら、加入できないと保険会社（M生命）から返事がきた。」（四六歳、女性患者）。「終身保険（傷害特約）不慮の事故、伝染病に及いてのみ通用する保険です。家族性大腸ポリポージスの病名を告知した所、普通の保険には加入できず、傷害特約のみと成った。二八才で離婚をし、子供が一人居りましたが、先方が引き取りました。その娘も二二才の時、発病、手術を受けたとの事です。昭和五八年に再婚をし、平成一年に子供に恵まれました。主人も私も遺伝のことを承知の上で産む事に決め、現在一〇才と成りました。四才頃遺伝子の検査を受けたのですが、結果は聞いておりません。」（四九歳、女性、患者の母、保因者）など、不利益の具体的内容が縷々つづられている。不利益の状況について具体的に記載された内容を分析すると、「大腸癌」「FAP」「ポリープ」「手術歴」「入院歴」等病歴を正直に申告した場合に、加入を断られる場合があること、家族の病歴をありのまま申告することで、他の家族が不利益を受ける場合があることが示唆された。また、難治性疾患（特定疾患）認定を受ける等、医療保険における公費給付による支援を受けて、長期の医療費の負担を少しでも軽減したいという切実な訴えが多くみられた。

本調査は、レトロスペクティブな意識調査であり、回答はあくまで本人の認識である。また、疾患別比較については今後の調査を待つ必要がある。加入謝絶等の主な理由は、病歴等の申告であると推定される。保因者が遺伝子検査の結果を申告した場合に、それのみを理由に謝絶された例があるかどうかは不明である。しかし、今後遺伝子検査が一般診療として普及する状況下では、遺伝子検査の結果について申告した場合、生命保険等の加入謝絶の直接理由となる可能性がある。したがって、遺伝子検査を受ける場合、被検者に対して「加入希望があれば、入るべき保険を選択し、あらかじめ加入しておくことを」「遺伝子検査の結果を知ってから、陽性の結果を告知せず、新たに保険に加入することはさけるべきであること」を説明する必要があると考えられる。

一〇学会ガイドラインでは「検査結果を開示するにあたっては、開示を希望するか否かについて被検者の意思を尊重しなければならない。得られた個人に関する遺伝学的情報は守秘義務の対象になり、被検者本人の承諾がない限り、基本的に血縁者を含む第三者に開示することは許されない。また仮に被検者の承諾があった場合でも、雇用者、保険会社、学校から検査結果にアクセスするようなことがあってはならない」とあるのみである。未だ治療法の見いだしがたい遺伝性疾患について、不利益の状況をさらに把握してゆく必要がある。そして、実効性のある強固なガイドラインの策定が喫緊の課題であり、さらには法制化について、積極的に検討してゆく必要があると考えられる。[22]

新ガイドライン

(1)文部科学省・厚生労働省・経済産業省「ヒトゲノム・遺伝子解析研究に関する倫理指針」

前でも触れたが、国の予算を使う遺伝子研究に関するガイドラインが二〇〇一年三月整備された。文部科学省・厚生労働省・経済産業省：ヒトゲノム・遺伝子解析研究に関する倫理指針（平成一三年三月二九日、平成二五年二月八日全部改正）である。[21]

いわゆる三省合同ガイドラインは、遺伝子研究に主眼をおいたものである。これは、前述のとおり縷々コメントを加えた、厚生省（当時）の「ミレニアムガイドライン」と、科学技術庁（当時）のいわゆる「遺伝子憲法」をもとに、省庁再編後、三省合同の指針としてまとめられたものである。改正の詳細はホームページ（http://www. lifescience.mext.go.jp/files/pdf/n1118_01.pdf）をご参照いただきたい。臨床のための代表的なガイドラインを以下に示す。

(2)八学会合同ガイドライン（案）

日本遺伝カウンセリング学会、日本遺伝子診療学会、日本産科婦人科学会、日本小児遺伝学会、日本人類遺伝学会、日本先天異常学会、日本先天代謝異常学会、家族性腫瘍研究会（五〇音順）「遺伝学的検査に関するガイドライン（案）」平成一三年三月二七日。

守秘義務と、遺伝子検査に関する情報開示については、特に議論の多いところである。本人が検査結果の開示を望まない場合、血縁者に対し守秘義務を超えてどこまで伝えるべきか、倫理委員会にかける場合、最も悩ましいところであろうと考えられる。この八学会合同ガイドラインの、当該問題に関する該当箇所を引用する。[17]

「I–5．提供を受けた試料に関する個人識別情報は守秘義務の対象となる。

(1)一般医療情報と、個人を特定できる遺伝学的情報とは原則的に区別され保管されるべきである。担当医師及び医療機関の責任者は、個人識別情報が第三者に漏洩することのないように、それを保護し管理しなければならない。

(2)遺伝学的検査を他の検査機関・施設に委託するときには、事前に匿名化し、個人識別情報を秘匿しなければならない。

6. 遺伝学的検査を担当する医療機関及び検査施設は、一般市民に対し、正しい理解が得られるような適切な情報を提供する必要がある。また、臨床的有用性が確立していない遺伝学的検査の行為そのものを宣伝広告してはならない。宣伝にはインターネットを通じた広告が含まれる。」

「II. 遺伝学的検査の結果の開示

1. 検査結果の開示については、それを希望するか否かの被検者の意思を尊重しなければならない。得られた個人に関する遺伝情報は守秘義務の対象になり、基本的に、被検者本人の承諾がない限り、開示することは許されない。とりわけ、何らかの差別に利用されることのないように慎重、且つ特別な配慮が要求される。

2. 検査結果の開示にあたっては、担当医師は被検者が理解できる平易な言葉で説明しなければならない。検査が不成功であったり、診断が確定しなくてもその内容は被検者に伝える必要がある。

4. 単一遺伝子病のみならず、多因子疾患などにあっても、得られた被検者の診断結果が、血縁者での発症予防や治療に確実に役立つ情報として利用でき、その血縁者が被る重大な被害が確実に防止できると判断され、その血縁者からの情報開示の要望があり、繰り返し被検者に説明しても同意が得られず、且つ被検者本人が不当な差別を受けないと判断される場合、診断、予防、治療に限って情報を開示することが考慮される。しかし、情報を開示するか否かの判断は担当医師個人の見解によるのでなく、所轄の倫理委員会などに委ねられるべきである。」

「Ⅲ-7．遺伝学的診断結果が、担当医師によって、被検者の血縁者にも開示されるような場合には（例えば前項Ⅱ-4に従って）、その血縁者が遺伝カウンセリングを受けられるように配慮する。」

1．に示した、遺伝医療の特徴の五番目、Pedigree-sensitive（家系におよぶ）という特徴から、血縁者の発症予防のため、被検者本人の意思を超えて、血縁者にも伝えることが、刑法の（秘密漏示）にあたるかどうか、すなわち、刑法第一三四条「医師、薬剤師、医薬品販売業者、助産婦、弁護士、公証人又はこれらの職にあった者が、正当な理由がないのに、その業務上取り扱ったことについて知り得た人の秘密を漏らしたときは、六月以下の懲役又は十万円以下の罰金に処する」に抵触するかが問題となる。

刑法一三四条が適用される以外の医療関係者についても、放射線技師法二九条、臨床検査技師・衛生検査技師法一九条、等に守秘義務の規定がある。また、民法七〇九条の「故意ノ又ハ過失ニ因リテ他人ノ権利ヲ侵害シタル者ハ之ニ因リテ生シタル損害ヲ賠償スル責ニ任ス」の規定によって、患者の秘密について、違法にそれを漏泄した医療従事者（及びその者を使用する病院・医院を設置・運営する医療法人、地方公共団体、国など）はそれによって患者が被った損害を賠償する責任を負うことになる。

八学会合同ガイドラインは、上記Ⅱ-4の要に、開示する場合もあり得るとの立場をとっている。

(3) 日本衛生検査所協会ガイドライン

衛生検査所がヒト遺伝子検査を受託するに当たり、遺伝情報管理と守秘に関し、特に遵守すべき事

項を以下に引用する。(23)

「2．衛生検査所は、医師の指導監督の下に適正に検査を行い、検査結果については医師が疾患等の診断を行う上での診療情報の一部であることを十分に認識し、適切に委託元に情報提供することを使命とする。

5．衛生検査所は、ヒト遺伝子検査を実施するにあたっては付随する倫理的・法的・社会的問題への配慮が必要であるという特性に鑑み、一般市民に直接ヒト遺伝子検査の宣伝広告を行わない。

7．衛生検査所は、ヒト遺伝子検査実施前に医師から被検者に対して、検査の目的、方法、精度、限界、結果の開示方法等について十分な説明がなされ、被検者の自由意思による同意（インフォームドコンセント）が文書により得られていることを確認する。また、検査実施前後の遺伝カウンセリングが特に必要と考えられる検査については、関連学会等で示されたガイドラインに従い遺伝カウンセリングが行われ、自己の意思で検査の申し出が文書により行われていることを確認する。衛生検査所は、ヒト遺伝子検査依頼書等における担当医師の署名により、これら行為がなされたことを確認する。

8．衛生検査所は、ヒト遺伝子検査を受託するに当たり、被検者の個人名等が医療機関において符号又は番号により匿名化されるよう医療機関に協力を求める。また、衛生検査所は、匿名化された符号又は番号により検体の管理ができる体制を整備し、個人情報保護に努める。なお、ヒト遺伝子検査の結果は、担当医師のみに親展扱いで報告する。」

(4) 家族性腫瘍研究会ガイドライン

私見であるが、本ガイドラインは、遺伝子検査にもとづく医療のガイドラインとしては、最も洗練されたものである。特に、遺伝情報等の取り扱いに関係する重要事項を引用する。[18]

「前提条件としての病名・病態の開示」：遺伝子診断の研究および診療の実施に際しては、常に被検者本人に対して納得がいくまで十分な質疑応答がなされなければならない。そのためには、原則として、当該疾患の病名や病態について被検者本人が知らされていることが、遺伝子診断の研究および診療の実施の前提条件として必要となる。

被検者の拒否権の明示：遺伝子検査の説明を行なう際には、被検者は遺伝子検査を受けないことを選択することができること、またその選択によって医療上の不利益を被ることがないことを、被検者に対して明示しなければならない。さらに、遺伝子検査について同意をした後のいかなる時点においても、被検者はその同意を不利益を被ることなく撤回できることを明示しなければならない。

被検者の不利益の明示：遺伝子診断の研究および診療の実施が被検者個人やその家族に及ぼす事柄としては、より良い治療や予防を選択することを可能とする利益とともに、結婚等において差別を受けたり、家系内の人間関係において軋轢が生じる等の不利益の可能性があることについても、被検者に明示しなければならない。

検査結果の被検者に対する開示：遺伝子検査に際して、被検者は、検査後のいかなる時点においても、得られた結果を知らされることも知らされないでいることも選択できる。このことを、医師は被検者に対して明示しなければならない。さらに、被検者が結果を知らされないことを選択した場合に予測される利益および不利益についても説明しなければならない。

個人情報へのアクセス権：遺伝子診断で得られた個人の遺伝情報は、被検者本人に属するものであり、この個人の遺伝情報へのアクセス権は、原則として被検者である本人と、本人から承諾を得た医療関係者および研究者のみが有する。同意能力のない未成年者の場合、同意を与えた親権者にも同時に情報が開示されることはやむを得ないが、情報へのアクセス権はあくまで被検者本人が有することを親権者に説明しなければならない。さらに、未成年者が同意可能な年齢に達したときには情報へのアクセス権があることを、本人および親権者にあらかじめ伝えておかなければならない。

個人情報の管理と守秘義務：遺伝子診断の研究および診療によって得られた個人に関する遺伝情報については、その厳重な保管と管理、ならびに関係者の守秘義務を徹底しなければならない。本人以外（担当以外の医療関係者、および研究プロジェクト以外の関係者、ならびに学校、雇用主、保険会社等、また原則として家系内の他の個人）への漏洩が起こらないように厳重な管理体制を整備し、安全対策を講じなければならない。

情報の管理と家系の登録：家族性腫瘍研究を推進し研究の科学的な質を確保するためには、遺伝子診断の研究および診療によって得られた情報の継続的な記録、集積、管理が不可欠である。また、被検者および家族のプライバシーを保護しながら、被検者とその家系の登録、および継続的な観察が行なえる体制を整備しなければならない。

遺伝カウンセリング：遺伝子診断の研究および診療を実施するにあたっては、被検者およびその家族に対して、各個人の状況に合わせた最新の遺伝学的情報をはじめ、適切で十分な情報を伝え、その正確な理解および意思決定を助けると同時に、被検者およびその家族の心理的変化に応じた支援を提供しなければならない。また被検者が同意能力のない者や未成年者であっても、適切な遺伝カウンセリングを提供しなければならない。」

家族性腫瘍研究会ガイドラインは、「各論」で、遺伝カウンセリングの守秘解除の問題について論述している。[24]
「極めて例外的な事態として、クライアント本人の同意によらずに、カウンセラーから家族および親族に対して直接連絡をとり、さらにクライアントの遺伝情報の開示を行う場合は、以下の点がすべて満たされていなければならない。

〈守秘解除四要件〉

［**自発的開示要請の失敗**］ クライアント本人から家族及び親族への開示に対する自発的承諾を得るために、相当の努力が尽くされたが、不首尾に終わっている。

［**他者危害の回避と代替療法の不在**］ 開示しないことで家族及び親族のなかの特定の他者に対する不利益が予測され、開示することでその不利益を回避あるいは緩和することができ、開示することでしかそれを達成することができない。

［**不利益の重大性と利益の直接性**］ 予測される不利益が重大な健康上の被害にあたり、それらの回避・緩和が直接的な健康上の益をもたらす。

［**開示対象者および情報の限定**］ 当該疾患の遺伝情報のみの最低限の開示と、家族及び親族のなかの特定の他者に対してのみの開示が保証されるような措置が講じられている。

以上の四点がすべて満たされているかどうかは、所轄の倫理・審査機構などのしかるべき審査機構によって判断されなければならない。

特定の他者が未成年の場合は以上の四条件に加えて、情報を開示することで重大な健康上の被害が回避・緩和される（直接的な健康上の益をもたらす時期が成人に達する前であるか、あるいはそのための対応を成人に達する前に開始することが有効である）場合に限られる。すなわち、未成年のうちに受ける遺伝子検査で得られる情報が当該被検者の腫瘍の治療・予防に有効に利用することができ、かつ、それらの予防・治療を未成年のうちに開始することができる場合がこれに当たる。

上記四条件のうち、自発的開示要請の失敗に関しては、遺伝子検査の結果が出たのちに家族及び親族への情報開示をめぐってクライアントを説得しなければならない事態を可能な限り避けることが望ましい。そのためには、検査を受ける前のカウンセリングの過程で、遺伝子検査の意味と限界、特に結果次第では家族及び親族への情報開示もあり得るということについて、妥当な理由と可能ならば具体的例とともに十分に話し合う必要がある。クライアント本人の同意によらない家族及び親族への情報開示は、上記四要件のように例外的に容認されることはあるが、これは必ずしもカウンセラーの義務ではなく、上記の四要件を満たしていても（例えば、家族及び親族に直接連絡をとることが物理的に困難である場合など）開示しないことはあり得る。」

現在のところ、上述の家族性腫瘍研究会の、守秘解除の要件についての解説が穏当であるように思われる。この四条件は、元々、一九八三年の「アメリカ大統領委員会生命倫理総括レポート」[24]のなかの、遺伝スクリーニングとカウンセリングにおける守秘の重要性のなかで明示されたものである。

予防や治療の方法がある遺伝性疾患の場合、被検者本人が、検査結果を血縁者に知らせることを、あくまで拒む場合はそう多くはないと考えられる。それでも、検査を受ける前のカウンセリングの過程で、遺伝子検査の意味と限界、特に結果次第では親族・血族への情報開示もあり得るということについて、十分に話し合う必要がある。

ここで、問題となるのは、カウンセリングが指示的になってしまう可能性があることであろう。是非とも検査結果を血縁者に知らせるべきだ、という圧力がかかるならば、カウンセリングでなくなってしまう。

また、診断はできても、予防方法や治療法のない遺伝性疾患については、なおさら慎重な対応が求められ、倫理委員会の機能そのものが問われることとなる。

（1） 日本医学会「医療における遺伝学的検査・診断に関するガイドライン」の概要

二〇〇九年一〇月二六日に、日本医学会から日本人類遺伝学会倫理審議委員会に、遺伝医学関連一〇学会「遺伝学的検査に関するガイドライン」の見直しについての依頼状が届き、日本人類遺伝学会倫理審議委員会、および同理事会は、遺伝学的検査に関係する学会の協力を求め、作成委員会を結成し、見直し作業を行った。

「医療における遺伝学的検査・診断に関するガイドライン」の特徴は以下のとおりである。

・医療の場において遺伝学的検査・診断を、その特性に留意した上で、適切かつ有効に実施するために必要な総論的事柄についてまとめた（今後、各学会で作成されるガイドラインのアンブレラとしての役割が担えるように記載した）。

・遺伝学的検査の留意点について、以下の五項目に分類して記載した。

1）すでに発症している患者の診断を目的として行われる遺伝学的検査

2）非発症保因者診断、発症前診断、出生前診断を目的に行われる遺伝学的検査

3）未成年者など同意能力がない者を対象とする遺伝学的検査

4）薬理遺伝学検査

5）多因子疾患の遺伝学的検査（易罹患性診断）

これらのうち、一般の診療の中で実施する機会が最も多いと考えられる　1)については、診療の流れの中での遺伝学的検査の位置づけが明確になるように記載した。

・個人遺伝情報の取り扱いの原則について記載した。

・遺伝カウンセリングの原則について記載した。

・今後の課題として、担当する医師、医療機関、各医学会分科会のそれぞれに望まれる事柄を「おわりに」に記載した。

和文ガイドライン：http://jams.med.or.jp/guideline/genetics-diagnosis.pdf

英文：http://jams.med.or.jp/guideline/genetics-diagnosis_e.pdf

（2）新型出生前検査の導入についての日本小児神経学会の意見

日本小児神経学会（会員三八三九人）は、これまで病因が何であっても、症状がどんなに重症であっても子どもたちの「多様性あるいのち」「尊厳あるいのち」「より快適で広がりのある生活」を支えるための医療と支援を続けてきました。

今回、米国シーケノム社の新型非侵襲的出生前検査（「新型出生前検査」と略します）が診療にも持ち込まれようとしています。

当学会は、子どもたちが生まれる前も生まれてからも子どもたちの生きる権利を擁護する立場にあります。障害の可能性ゆえの選択的中絶が大きな選択肢として前提とされる出生前診断は、極めて限定的に慎重に行われる必要があります。

上記に加え、今回の新型出生前検査にはいくつかの問題点があります。現在、日本産科婦人科学会の指針案が提示されていますが、重度脳障害児から「発達障害」児までの治療、療育指導に深くかかわっている日本小児神経学会として以下の点を指摘し、安易な導入について反対の意思を表します。

1)血液検査のみで九九％の精度で染色体異常症（主にダウン症）が診断できる、といわれています。費用は二一万円といわれ、高価ですが、従来の検査法より安全で精度が高いとされています。このことにより非専門的病院や個人でも容易に検査できる可能性が出てきました。その結果、専門医や専門スタッフによる適切なアドバイスを受けることなく、安易に選択的中絶への道が広がる可能性があります。

これは、現在、何らかの障害をもちながらも、医療や医療的ケア、教育、福祉支援によって前向きで広がりのある生活をしている子どもたちの存在を将来否定することになりかねません。

2)同法によるダウン症に関する出生へのハイリスク妊婦（高齢、既往、超音波所見）と対象妊婦（ローリスク妊婦）群の多数例による研究（Palomakiら、二〇一一）結果では、ハイリスク群では陽性的中率が九六％でしたが、ローリスク群では陽性的中率が三三％でした。すなわち染色体異常症の出生頻度が低い集団での陽性的中率は五〇％を切ります。決して「間違わない検査」ではないことを承知しなければなりません。

以上、日本小児神経学会は、今回の「非侵襲的出生前検査」の導入前の十分な議論の必要性を強く要請し、安易な導入には反対します。導入するとしても、厳密な基準、直接診療と支援を担当している小児科医、小児神経科医が出席した意見発表の場など国民的議論が不可欠と考えます。加えて、症状がどんなに重症であっても子どもたちが、この社会で生きていけるための社会的支援の拡充を求めます（二〇一二年一月三一日　一般社団法人日本小児神経学会）[41]。

分子標的薬

がん対策を進めるために定めた「がん対策基本法」が施行されてから六年、地方と都市の治療格差を解消するため、各地に拠点病院が整備され、「日本のどこでもがん治療が受けられる」ようになった。しかし、がん治療が進歩する一方で、治療費用が高額化し、飲みたい薬が飲めない現状や、最新のがん治療薬である「分子標的薬」の開発が国内では進んでいない現状も浮かび上がってきている。

高額化が避けられない技術進歩を、あまねく患者に届けるには、経済的負担を最小化することが欠かせない。技術革新に対応できる診療報酬制度の確立を含め、患者負担のあり方を根本的に見直すべき時期に立ち至っていると考えられる。がん患者の経済負担を軽減するためには、経済面に関して臨床現場での努力、制度の運営の工夫、医療制度改革の三つを同時に進めることが重要である。

最も重要かつ、喫緊の方策は、臨床現場での、無駄な検査、不必要な長期入院など、過剰な医療を見直すことである。まず、入院期間の短縮であるが、わが国の胃がん・大腸がんの平均入院日数は三〇日前後、胃では平均入院日数一五日から五四日も入院している病院があり、大腸では一二日から四六・六日までとばらつきも大きい。米国では、胃がん手術の平均在院期間は一週間以内であり、安全面に配慮しつつ大幅な効率化が可能である。節約できる医療費を、分子標的薬等の高額な新規治療の財源に充てることで、患者の負担を軽減することができる。

また、経済的負担および、負担を軽減する方法について十分に説明し、制度を最大限利用できるような多職種による継続支援が重要である。医療ソーシャルワーカー、臨床薬剤師等による費用負担の詳細な説明を進める。制度運営面では、薬物療法のほとんどが外来で行われるので、入院に限られている高額療養費制度の現物給付を外来にも拡大する。自己負担限度額もさらに引き下げる。

JCO 2009 ;27 :3725-3730 ASCO

プレジデント声明、パーソナライズドがん医療

JCO 2009 ;27 :3868-3874 ACSO

ステートメント　がん治療のコスト

JCO 2009 ;27 :5830-5837

高額抗がん剤　オーストラリアの実情

JCO 2010 ;28 :3212-3214 高額がん治療

レスリング　価格との格闘

JCO 2010 ;28 :5327-5347 ASCO

Cancer advances 2010

Oncologist 2010 ;15(suppl 1):43-48

医師の説明責任　患者の経済負担

Oncologist 2010 ;15:566-576　医師の

治療費用の説明が患者の治療選択に

どう影響するか

JOP 2010 ;6(2):69-73

がん治療費のインパクト　ネット調査

患者1767名の回答

JOP 2010 ;6(4):188

がん治療のコストについて話をする事

患者の視点

特に医療制度については、フランスでは風邪の場合、患者の自己負担は八割になるが、がんのような重い病気は自己負担がない。日本のように風邪もがんも、同じ割合の負担でいいのかという点にまでさらに踏み込んで議論していく必要がある。[42]

世界中で分子標的薬の経済負担に耐えかねるという論文が次から次へと出てきている。

がんは、日本人の二人に一人が罹患し、三人に一人の死因であるといわれるほど、普通の病気である。予算として平成二二年度のがん対策には三一六億円が投じられており、また多くの製薬会社で新薬開発が進められている。しかし、開発された医療・医薬品を享受するための患者の自己負担は、必ずしも安心して治療に専念できる額ではなくなっている。二〇〇〇年を起点とすると、二〇〇九年の国民医療費は一二・四%増、がん医療費は四二・一%増、高額療養費は一〇一・三%増にもなっている。

高額疾病であれば年額一二万円程度、難病であれば年額三〇～四〇万円程度の自己負担、外科手術など短期集中的な治療はほとんどが高額療養費で賄われるのに対して、長期間治療が続くものの上限額を超えない程度の医療費の場合に、著しく均衡を欠く自己負担が生じうる。継続して医療費負担が続いても、長期高額疾病や指定された難病でなければ、公的支援は望めない。

高額療養費制度では、入院については平成一九（二〇〇七）年から年齢にかかわらず現物給付が受けられるようになり、窓口負担は軽減されるようになったが、通院で治療を続ける場合はいったん三割負担分を窓口で支払う必要がある。高額療養費の償還を受けるには、申請してから二～三か月かかるのが普通である。また、早く償還を受けたいなら、毎月、申請書の提出を続けなければならない。分子標的薬など高額な医薬、高価な抗がん剤投与を受ける治療が一般的になる一方で、がん患者の経済的負担と精神的負担も続く。

今後、医療倫理の「公平・公正原則」の観点からも、自己負担の公平性がますます求められる[43]。

第6章 クローン技術、幹細胞研究、再生医療、生殖補助医療、エンハンスメント

一【問題】次の資料を読み、ES細胞研究のあり方について、君自身の考えを述べよ。

ES細胞研究とクローン技術

岡山大学の中西徹教授の指摘によると、指針案のままでは、ES細胞を作る際に必要とされる受精卵の提供規定が、日本産婦人科学会のガイドラインに抵触するというのだ。中西教授がいう。

「現在の同学会の倫理規定では、不妊治療以外の体外受精卵の研究使用を認めておらず、受精卵を外部に提供することも認めていない。こうした現状を考えると、日本でのヒトES細胞の研究は事実上、非常に困難な状況になっているのです」

だが、仮にすべてアメリカ製のヒトES細胞を使って研究を進めると、別の問題も生じてくる。特許の問題だ。米ウィスコンシン大と米ジョンズ・ホプキンス大は、ともにジェロン社という企業から資金提供を受けて研究を進めていた。そのため、現在どちらの大学もヒトES細胞の特許はジェロン社にあり、どちらの大学からヒトES細胞を譲り受けて成果を出したとしても、一部の権利はジェロ

ン社にある。

「研究基盤を作るという国益からしても、非常に憂慮すべき問題であることは間違いないでしょう」。そう中西教授も懸念する。ここでもまた、ヒトゲノムと同じような問題が生じているのだ。

そして、もう一つ大きな問題も残っている。クローン技術との法的な整合性だ。

「現時点ではクローン人間作成を禁止する法律はありません。国立大などについてはクローン胚に関する実験を始める前に通知し、承認を求めることが義務づけられているだけです。子宮に戻すと罰則を処す、という科学技術庁からの法案も廃案になってしまいました」

京都大学の中辻憲夫教授はそう危惧する（注：平成一三年六月より「ヒトに関するクローン技術等の規制に関する法律」が施行されている）。

「クローンとES細胞は、この先不可分な研究領域になります。クローン禁止法案では、ヒト胚からのクローンの研究を禁じていたが、そのなかにはヒトES細胞の研究にも抵触する部分がある。もし曖昧な定義のままでヒトES細胞の研究まで禁止されたら、それこそ日本の研究は立ちゆかなくなる」（中西教授）

実際のところ、クローンの危険性はES細胞自体の研究にも潜んでいる。患者自身の体細胞の核を卵子に導入してクローン胚を作り、クローン胚からES細胞を作るという技術が、画期的だが危険をはらんでいるのは、クローン胚をES細胞にせず、女性の子宮に戻せば、「クローン人間」が誕生してしまう点にある。もし仮にそんな事態が発生してしまった場合、その「人間」をどう扱えばいいのか。どういう枠組みでとらえればいいのか——。

研究の推進と論議不足の板挟みにあるES細胞

中辻教授は、クローン人間の作成は絶対に許されるべきではないが、関連技術と研究の議論は絶えず尽くすべきだと語る。

「イギリスでは、ヒトの受精卵をどう考えるか、という議論が（七〇年代後半の）試験管ベビーの頃から行われていた。そういった土壌のもとで、ES細胞もクローンも議論されるべきなんです。そもそもES細胞などの研究に使われる受精卵と初期胚はいつからヒトなのか。ヒトの初期胚はどんな場合に研究に使えるか……」

ES細胞の応用は、人間とは何かという重い問いを突きつけている。

上記の問題で、指摘された「ES細胞をつくる際に必要とされる受精卵の提供規定が、日本産婦人科学会のガイドラインに抵触する」という問題は、日本産科婦人科学会「ヒト精子・卵子・受精卵を取り扱う研究に関する見解とこれに対する考え方（改定案）」（平成一四年一月二四日）（http://www.jsog.or.jp/about_us/view/html/kaikoku/H14_1.html）によって今後整合性が図られよう。

「研究の許容範囲

精子・卵子・受精卵は生殖医学発展のための基礎的研究ならびに不妊症の診断治療の進歩に貢献する目的のための研究に限って取り扱うことができる。なお、受精卵はヒト胚性幹細胞（ES細胞）の樹立のためにも使用できる。しかしながら、その使用の状況いかんによっては、提供に際し本会として独自の判断をせざるを得ない場合もある。

〔解説〕

生殖医学に関する研究は、一般に動物を用いて行われている。しかし動物で得られた研究成績をヒトの生命現象にあてはめることは、必ずしもできない。特に体外受精の臨床応用を行うためには、ヒト生命現象の特殊性を認識することが必要で、そのためにも、ヒト精子・卵子・受精卵を用いての幅広い研究が必要である。

したがって、この研究の許容範囲には、生殖医学発展のために必要なすべての研究が包括されることが原則であり、研究の発展をいささかも規制するものではないが、将来の臨床応用の可能性も充分考慮して、研究者として良識に立脚して行うこととする。例えば、研究に用いた精子・卵子・受精卵を臨床に用いてはならない。

またヒトES細胞については、ヒトのあらゆる細胞、組織に分化し得る能力を有することから再生医療等への応用が期待されている。しかしながら、その樹立においてはヒトの生命の萌芽であるヒト受精卵（生殖補助医療に使用する目的で作成されたヒト余剰胚）を使用するという面から、生命倫理上の配慮が不可欠であり、敬虔の念をもって取り扱わなければならない。また、それらの提供者、すなわち生殖補助医療を受けている人々にとっては、受精卵は特別な意味を持ち、これに対する配慮が必要である。

さらに卵の応用は厳正なルールに基づいてなされるべきである。ヒト受精卵を使用したES細胞の樹立および使用に関しては、国の定めるガイドライン（ヒトES細胞の樹立及び使用に関する指針（案））があり、少なくともこれを遵守することは当然である。しかしながら、ES細胞の研究の状況によっては生命の創出に直接関わる本会として独自の見解を明白にし、国のガイドラインとの整合を図る必要性も生じる事態もあり得るであろう。」（注：傍線部が、今回の改訂に関する部分である）

ただ、指針が整備されても、提供を拒絶しにくいような状況は変わらない可能性がある。次の問題を考えていただきたい。

【問題】 次の文章を参考に、ES細胞研究のあり方について、君の自由な考えを述べよ。

ES細胞研究推進の論理への疑問（柘植あづみ）

二〇〇一年四月一九日の「朝日新聞」の記事によれば、文部科学省が「ヒトES細胞」の研究指針案を総合科学技術会議に諮問し、同会議が六月までに答申する方針、とのことである。また「指針ができれば再生医療研究が本格化し、新たな治療法開発につながる」ともある。

四月一九日というのは、文部科学省が旧科学技術会議（現総合科学技術会議）のヒト胚研究小委員会が中心になってまとめた「ヒトES細胞の樹立及び使用に関する指針（案）」に対する国民からの「ご意見募集」の結果をまとめた日であり、その結果は総合科学技術会議に提出され、今後の議論やヒアリングの参考にされるはずであった。新聞記事のとおりならば、総合科学技術会議は各団体や個人から提出された意見書六七件（団体一五、個人五二）は、無視された、ということになる。

再生医学、そのなかでも特にES細胞研究はミレニアム・プロジェクトの一環として、日本社会の高齢化に対応するために、産官学共同で技術革新を進めようという政府の計画である。二〇〇〇年度から特別枠の予算が組まれ、様々な事業が実行に移されている。再生医学とは、病気や事故で損傷した骨や血管、神経、皮膚などの組織または臓器の自己修復を目指す研究であり、二一世紀の医学として期待される。

再生医学のなかで最も脚光を浴びているのが、ES細胞（万能細胞）だろう。培養条件によって、あらゆる組織や臓器細胞に変化する可能性があり、動物実験ではすでに血管や神経細胞などが作られている。また、生命維持に必須なホルモンや生体物質を産出させることもでき、新しい治療薬ができる。夢のような細胞だ。実現可能性が高いとみなされているのは、神経難病と呼ばれる病気または痴呆に対する脳神経細胞の再生、事故による脊椎損傷の場合の再生も期待されている。糖尿病においては、インシュリンを産生するすい臓細胞を体外でつくり、細胞をカプセルに入れ、薬の代わりに体内に埋め込むという可能性も検討されている。

しかし、実現には、技術的な問題だけではなく、倫理的な課題も山積している。そのために研究を進める前に指針の準備が必要とされ、先の指針案が作られたのである。私は、現在準備中の指針案には、三つの大きな問題点があると考える。

第一点は制度的問題である。ES細胞研究に関する指針案は、まずは基礎研究のみを認めるという理由から、文部科学省のみが担当省である。だが、この研究は再生医学と密接につながり、また、材料となる胚は医療機関にあるため、厚生労働省の所管機関とも関わる。さらに、ES細胞は医薬品の開発において人体実験の代替としても期待されている。これは経済産業省の所管の企業にも関係する。よって、文部科学省のみで指針を出さず、少なくとも関連する三省が合同で指針を出すべきである。四省庁（旧科技庁を含む）合同での指針の作成は、すでに、同じミレニアム・プロジェクトの「ヒトゲノム・遺伝子解析研究に関する倫理指針」において実現したので、可能なはずである。

第二点は、ES細胞の材料となる胚を研究に使用するまでの手続きの問題であるES細胞を作るには、人間の胚（受精卵が細胞分裂を繰り返し、胎児になる前の段階）が必要になる。そこで着目されるのが、子どもができない夫婦が体外受精のために冷凍保存した胚である。

胚とは、受精卵が細胞分裂を開始し、胎児に発達するまでの段階を指す医学・生物学用語だ（医学ではその間にさらに胎芽という状態がある）。普通は女性の体のなかにあり、受精卵が分裂してできた細胞のかたまりの状態から、人間の組織や臓器のもととなる部分が決まり、次第に胎児へと発達していく。女性にとっては、妊娠に気づく前に胚の段階で発達が止まり、知らずに自然流産していることも少なくない。私（女）の実感としては、胚は「人間とは言い切れないけれど、子どもが欲しいと思うときには、人間になる可能性のある大切な存在だが、欲しくないときには、それが体内にあると心理的・社会的問題のきっかけとなる存在」というところだろうか。この女の実感は、その時の自分が置かれている状況によって大きく変化する。

この女の実感を他所に、胚を研究に使いたい側は、「ヒト胚」という生物学的な呼び方を採用し、実験材料にする対象を「余剰胚」と表現する。逆に、胚の研究使用に慎重な側は「ヒト胚は生命の萌芽」という表現を使う。これは胚が、自身の身体の一部ではなく、他者とみなす「男」の論理だ。

体外受精の成功率は高くはないので、一回で妊娠・出産する人は少ない。その上、排卵誘発剤や卵巣からの採卵による身体的負担もある。そこで、胚が多く得られた場合には冷凍保存しておけば、次は冷凍胚を融かして子宮に戻すだけである。これらのなかには、使い切る前に出産したなどの理由から、子宮に戻されずに棄てられる、つまり「余剰胚」もある。これを研究に提供してもらおうというのである。出産して育児が一段落した後に、冷凍胚を子宮に戻すこともできる。だが、体外受精では、妊娠率を高めるために複数の受精卵を子宮に戻すことが多いため、双子、三つ子の出産率が高い。また、不妊治療の末の出産の場合には、出産年齢が高くなる傾向がある。三〇代後半で双子が生まれたなら、さらに子どもを欲しいと思う人は少ないだろう。

これまで、「余剰胚」は棄てられるか、生殖医療の研究に使われてきた。現在、胚を使った研究は、産婦人科学会のガイドラインに従って、患者の同意を得て行われているはずである。もちろん、指針案では、十分な説明がなされた上で、夫婦が提供するかしないかを決める、インフォームドコンセントの手続きも明記されている。しかし、胚を冷凍保存した経験のある人々に尋ねると、保存期限が来て「棄てる」ことに同意した経験のある人はいたが、「研究に使いたいので同意して欲しい」と説明された人は、私が尋ねた限りではいなかった。さらに、もし「余った胚を研究のために提供して欲しいと依頼されたら、どうするか」を尋ねたところ、「お世話になった医師から頼まれれば、また、それで病気が治る人がいるのなら、胚を提供するだろう。でも、心の中は複雑です」という意見が聞かれた。

また、棄てるのと実験材料として提供するのは意味が違う。ES細胞は、がん細胞と同じく増え続ける性質があり、卵巣や精巣となって卵や精子を作り出すかもしれない。夫婦の受精卵に由来する細胞が、多様な形で生き続けるのである。それに、複雑な想いを抱く人もいるだろう。提供後の不安にどう応えられるのか、という課題もある。

そこで、提供の意思確認は、主治医や研究機関に所属する人ではなく、双方と利害関係のない第三者機関が行うべきだ、と考える。イギリスには生殖医学や研究における人間の胚の取り扱い状況を監視する第三者機関（HFEA）が設けられている。提供者や、将来、新たな治療方法を試そうとする人々の疑問や不安に、この第三者機関が対応できるようにして欲しい。それが無理ならせめて、臓器移植のドナーカードのように自主性を尊重するシステムが採用されるべきだと考える。

ＥＳ細胞研究指針を設けて研究を進めることが急がれる理由として、国際競争に負けないため、とよく説明される。科学者の国際競争、特許競争等の経済的な問題、などを考慮したとしても、なぜ、それほどまでにＥＳ細胞樹立の国際競争に負けないことが重要なのか、も疑問である。実際、樹立されたＥＳ細胞を輸入でき、共同研究ならば無償提供される状況である。科学技術や医療不信を招いては、かえって遅れる結果を招くことになるのではないか。

第三点は、研究推進の大義名分として語られる、その治療を開発する必要性、についてである。ひとことで表すなら「かわいそうな患者のため」と考えられていることの問題だ。「この治療が早く可能になるのを患者さんはこんなに大変な思いで待っている」。これは、あらゆる先端医療が応用される際に医師たちが語ってきた。体外受精、臓器移植、遺伝子治療、そしていま、再生医学である。

これまでに対症療法しかなかった病気や障害に対して、効果も安全性も高い治療法は、当然、多くの人が待ち望む医療である。しかし、それを研究・開発しようとしている人々は、その病気や障害をもつ人々の自身の身体観、日々の生活や想い、についてどれだけ理解しているのだろうか。私は、ＥＳ細胞をめぐる議論のなかで、治せない病気や障害をもっていれば、無条件に「かわいそう」であり、「治してあげたい」という論理がもち込まれている、と感じてきた。そういう人々のなかに、真摯に患者と向き合っている医師もいるが、だが、治療の対象となる患者の意見を聞いたことがない人も少なくないようである。診療しているだけでは、意見を聞いたとはいえない。

このような考えは、さらに、「余剰胚」を提供したくない女性・カップルにも圧力を与える。あなたが棄てようとしている胚が、「かわいそうな患者のため」になるのに、提供したくないなんて、自分のことしか考えていない奴だ、とされる可能性がある。ヒト胚研究小委員会の中でも、そこまで露骨ではないが、それに近い論理は臨床医たちが何度か用いていた。繰り返すが、棄てるのと実験材料として提供するのは意味が違うのである。

このような問題を解決しないまま、二一世紀の医療という名目で研究が進められようとしている。これは単に、胚の提供者となる不妊治療をした人々と、治療対象疾患を抱える人だけの問題ではない。日本の科学技術・医学技術が、誰のために、どのように発展させるのか、それを誰が決めるのか、に関わる根本となる問題である。また、科学・医学が、女の身体を女の実感と切り離していく一つの過程として見ることも必要である。このミレニアム・プロジェクトを注視し、意見を発信していきたい。[1]

柘植氏は、ES細胞研究の倫理問題の根幹を見事に掘り下げ、根本問題を我々に突きつける。[2] 筆者は特に女性の視点の大切さを強調しておきたい。

さて、ヒトES細胞研究の難点を解消する研究として、京都大学大再生医科学研究所の笹井芳樹教授が協和発酵との共同研究で、ES細胞から脳の特定の神経細胞を効率よく作り出すことに成功し、神経伝達物質（ドーパミン）を出す神経細胞を比較的簡単に作る技術を確立した。また、同研究所の中辻憲夫教授と田辺製薬の共同研究で、サルのES細胞を作ることに成功した。人間と体の仕組みがよく似たサルのES細胞を利用できるようになると新薬開発などにも役立つと考えられる。さらに、両教授のカニクイザルにおける研究[6]は今後の進展が望まれる。

巻末の「参考文献」に生殖医療に関するインパクトのある文献を若干紹介しておいた。[4]〜[7]

幹細胞等を用いた再生医療の法規制

厚生科学審議会の「再生医療の安全性確保と推進に関する専門委員会」では、医政局長通知「医療機関における自家細胞・組織を用いた再生・細胞医療の実施について」では、規制が不十分であるとして、法による規制を検討している。[8]

（論点）

医療として提供される再生医療については、機能不全となった細胞や組織を再生させ、これまで有効な治療法のなかった疾患が治療できるようになるなど、患者（国民）の期待が高い一方、新しい医療であることから、現状では、関係法令などが必ずしも十分に整備されておらず、その実用化に際して安全性の確保に課題がある。したがって、安全性を確保しつつ、再生医療の実用化を推進していくためには、法整備も含めた実効性のある統一的なルールが必要ではないか。

（方向性）

再生医療が、その用いられ方によっては、ヒトの尊厳の保持、生命・身体の安全等に重大な影響を与える可能性があることに鑑み、再生医療の実用化を推進するためにも、安全性の確保等のために、必要な措置を行うことを目的とした法的な整備を行う。また、今回の枠組みでは、再生医療・細胞治療の実施に入る段階での安全性確保のためのチェックが一義的な目的であるが、当該治療の有効性や実際に再生しているかどうか等について学術的に評価できるように促すよう配慮する必要がある。

医政局長通知「医療機関における自家細胞・組織を用いた再生・細胞医療の実施について」[9]（平成二二年三月三〇日付医政発〇三三〇第二号）については、遵守されるように見直しが必要である。

社説：再生医療法規制　実態把握のためにも[10]

再生医療などの目的で細胞を人に投与する医療行為には、推進と規制の両方が必要だ。厚生労働省は先月末、安全確保を目指した法案の枠組みをまとめた。広く意見を聞き、バランスのよい規制の実現を目指してほしい。

ひとことで再生医療といっても、その中身は様々だ。多くの人がイメージするのは人工多能性幹細胞（iPS細胞）や胚性幹細胞（ES細胞）を使った医療だと思われるが、自分の体から取り出した体性幹細胞を使う方法もある。一般的な医療となっている骨髄移植も幹細胞の移植だ。がん治療の目的で免疫細胞を投与する方法も、細胞移植という点では同じ範ちゅうに入る。

法案の枠組みでは、こうした細胞治療全体を臨床研究まで含めて規制の対象とし、細胞ごとに区分けして規制する方針だ。iPS細胞やES細胞のように、これまで臨床応用されたことのない加工細胞については、厚労相の承認制とする。一定の安全性が確立した体性幹細胞の移植やがん免疫療法などについては、第三者委員会の審査を経た上で、届け出を義務づけるという。

それぞれ、リスクも、データの積み重ねも異なることを考えれば、細胞に応じて規制を適用することは妥当だろう。具体的な規制の中身については、さらに検討を進めてもらいたい。

再生医療をめぐっては、福岡市のクリニックで韓国人を対象に本人の幹細胞投与を多数実施していることが明らかになっている。韓国内では禁じられている医療行為で、日本では安全性や有効性が確認されていない。美容クリニックでも、アンチエイジングなどの名目で幹細胞投与が行われているとみられる。

こうした医療行為が自由診療として野放しになったままだと、事故が起きる恐れがある。結果的に、再生医療を育てていく上でマイナスになりかねない。

法案の枠組みでは、福岡のようなケースにも審査や届け出を義務づける方針だ。医療機関には定期的な報告を求め、違反があった場合には改善命令や中止処分などの罰則を科すことも検討する。細胞培養や加工施設にも基準を設け、チェックする。規制強化を懸念する声もあるが、これまで法律がなかったために実態把握も後手に回ってきたことを思うと、一定の歯止めは必要だ。

再生医療や細胞治療の実態を調べ、国民に情報提供する仕組みの構築も重要だ。さまざまな再生医療・細胞治療の存在を明らかにし、国民自身が判断できるようにすることは、安全確保と再生医療育成の両方に役立つはずだ(11)。

「幹細胞投与、抜け穴作るな」、英ネイチャー誌が日本の規制に注文(12)

福岡市の「新宿クリニック博多院」が韓国人を多数受け入れ、自国では禁じられている幹細胞投与を実施している問題に関連し、英科学誌「ネイチャー」は「日本は患者保護の観点から法規制が必要」とする論説を七日発行の同誌に掲載する。厚生労働省は現在、再生医療全体を規制する法案を検討中だが、その実効性に疑問を投げかけている。

論説は、韓国のバイオ企業が患者を福岡のクリニックに多数紹介している現状を報じた昨年一二月の毎日新聞記事を引用する形で、日本を「未成熟な治療の楽天地」に例えた。

厚労省が検討中の法案について、人工多能性幹細胞(iPS細胞)などを使う再生医療を「承認制」とした点は評価したが、福岡市のケースのように自分の体から取り出した幹細胞を使う治療を「届け出制」にとどめた点については「疑問の余地が残る」とした。「日本は(規制がうまくいかなかった)

他国を教訓に、患者を危険にさらす未承認治療の抜け穴を作らないよう慎重に検討すべきだ」と提言している。

エンハンスメント

エンハンスメントとは、医療の目的を超えて、能力や性質の改善を目指して人間の心身に技術的に介入することを指す。エンハンスメントの対象は一般的に三つの領域に区分される。それは、身体的能力の増進（physical enhancement）、知的能力の増進（intellectual enhancement）、道徳性の増進（moral enhancement）である。

具体的には、身体の場合、運動能力、免疫力、容貌などがその対象となる。知的能力の増進には、記憶力、集中力、認知能力などがそうである。そして道徳性に関しては、社交性といった性格や共感能力などがあげられる。

○エンハンスメントの分野

（1）より望ましい子ども　（例）デザイナー・ベビー

（2）優れたパフォーマンス　（例）スポーツにおけるドーピング

（3）不老の身体　（例）アンチエイジング、記憶向上剤、老化遅延技術

（4）幸せな魂　（例）ドラッグ、記憶鈍麻剤、気分明朗剤

○エンハンスメントの手段

・薬物の利用

（例）成長ホルモン剤、向精神薬、サプリメント、脱法ドラッグ

・外科的な美容整形
・遺伝子操作　（例）遺伝子ドーピング
・サイボーグ技術　等々
エンハンスメントを学ぶ試みも行われており、活動報告がまとめられている。概要を引用する。

集中力や記憶力などの知的能力を高める薬物や、脳とコンピュータとの直接相互作用を可能にするインターフェイス（BMI）、神経信号の読み取り技術にもとづいたロボットスーツの開発。こうした技術は第一に、障害のある脳の治療を目指す。しかしそれに加えて、第二の目標として、人間の能力の拡張や増強、つまり、エンハンスメント技術をも視野に含むものである。

しかし、エンハンスメント技術は、仮に能力の向上をもたらすものであったとしても、脳という精神の座に介入し、また有限の能力の枠内で生きるほかないという人間の生の基本的条件をも変更してしまいかねないといった点において、無条件に承認できるものではない。したがって、現時点で、社会がエンハンスメントにどのような形で対応すべきなのかを、哲学的・倫理学的観点から考察せねばならない。

私たちの社会は、意識するしないにかかわらず、人間がもつ様々な「能力」によって存立している。生命活動のための運動や感覚や消化や生殖にかかわる基本的な「能力」、様々な願望や欲望を満たすための体力や知力や経済力や創造力、さらには開発や支配や統治に関わる技術力や軍事力や国力など、その広がりやとらえ方はいろいろだが、少なくとも近代社会は、こうした能力を可能な限り高めて欲望の充足にあてることを基本的に是とする社会であり、私たちの価値観や〝成功した人生〟のイメージもそのことに大きく規定されている。高い能力を身につけることで、人は幸せになり、社会は豊かになる、と皆が信じている。

科学技術は、実現不可能にみえた夢、充足不可能にみえた欲望をかなえる能力を次々と私たちに付与し、そのことで私たちに新たな夢や欲望を喚起してきた。この〝欲望と能力のスパイラル〟の駆動力として科学技術に、今、新たな（究極的な？）局面が生じている。ロボット工学、脳科学、ナノテクノロジー、バイオテクノロジー、情報技術などの先端技術によって「人間が人間を改造する」ことが当たり前になる社会が到来しようとしている。エンハンスメントは、この新たな局面を包括的にとらえる概念と言えるだろう。不老不死、人体と機械が融合した超高性能のサイボーグといった、いまだSF的なイメージがつきまとうものから、遺伝子診断や遺伝子治療など生命倫理の議論が集中する生命操作技術、そしてスマート・ドラッグ（集中力を高める向精神薬）や美容整形や人工内耳や人工眼内レンズといった、国によってはすでに広く普及している技術まで、人間の身体や精神に何らかの手を意図的に加えて、その能力を増強しようとする技術全般にかかわる。

エンハンスメント技術による人間の「変え方」如何で、人間というものの概念が大きくゆらぎ、社会に大きな変動をもたらしかねない――そのことの意味を、私たちは探りを始めたばかりだ。エンハンスメント技術で何が可能になるのか、それはどこまで許されるのか、いかにしてそれを適正に制御するか、そしてそもそも私たちは何を望むのか、といった問題を、できるだけ多様な場において広範な人々で論じ合っていくことが、今求められているのではないか[13]。

第7章　脳死、臓器移植

【問題】脳神経学が専門のF博士は「たとえ脳死状態であっても、視床下部の生き残りが認められるうちは、内部意識が存在すると考えられ、脳死は人の死とはみなしにくい」という立場を繰り返し述べている。F博士の主張について自由な考えを述べよ。

脳死と心臓死

重篤な脳損傷や頭蓋内占拠性病変の急速な増大の結果、頭蓋内圧が体血圧と同等まで昂進し、有効な脳血流が消失し、脳全体が不可逆的機能停止の状態になることがある。この病態を脳死状態といい、患者は脳機能の回復を示すことなく、通常は数日から数週ののちに心停止に至る。

世界的にみて、脳死判定基準は脳幹死基準と全脳死基準とに大別されるが、実際に判定対象となっているのはほとんどが全脳死症例である。わが国の厚生労働省脳死判定基準は死の判定基準ではない。厚生労働省脳死判定基準は優れた全脳死判定基準であり、同基準で判定されてのちに脳機能を回復した症例はない。しかし、脳死を死とする考え方は、いまだ圧倒的多数の国民のコンセンサスを得てはいない。

頭蓋内占拠性病変が急速に増大したり、脳に重大な損傷や障害が加わった場合には、脳は著しく腫脹し、脳ヘルニアを生じ、頭蓋内圧は極限的に昂進、脳血流圧はほとんどゼロとなり、脳の有効血流は停止する。この段階では脳は壊滅的な状態にあり、その機能を不可逆的に喪失している。この状態を脳死と呼ぶ。この状態は回復することなく、たとえ呼吸や循環が人工的に維持されていても、通常は数週間以内には心臓死、すなわち全身循環停止に陥る。

脳死の概念と判定基準

脳死の概念は古く、一九〇二年のクッシング（Cushing）の記載にさかのぼるといわれている。その後、医学的に関心が寄せられるようになったのは、一九五〇年代になって重症患者に対する蘇生管理技術の進歩に伴い脳死患者が増加してきてからである。脳死患者に関する最初のまとまった報告は一九五九年のフランスのモラレ（Mollaret）らのもので、彼らは昏睡を越えた状態という言葉で脳死状態を表現し、二三例を報告している。脳死が社会的な注目をあびるようになったのは一九六七年の南アフリカ共和国の外科医バーナードの心臓移植手術以降、諸外国において臓器ドナーとしての脳死患者からの臓器移植が盛んに行われるようになったからである。

脳死の概念には、脳幹部機能の喪失が重要であるとする脳幹死説と、脳幹部のみならず大脳半球の機能喪失が伴っていなければならないとする全脳死説がある。

一九六九年に発表された日本脳波学会「脳死と脳波に関する委員会」中間報告では〝脳死とは回復不可能な脳機能の喪失である〟、そして〝脳機能には大脳半球のみならず、脳幹の機能も含まれる〟

と定義されており、わが国最初の脳死の定義は明確に全脳死の立場に立っていた。

さらに一九八五年に発表された〝厚生労働省脳死判定基準〟も全脳死の立場に立っており、〝脳死とは脳幹部を含む全脳髄の不可逆的な機能喪失の状態である〟と定義している。

世界的にも全脳死の立場に立った脳死の定義が多い。すなわち、世界で最初の脳死判定基準である米国ハーバード大学基準（一九六八）は平坦脳波によって大脳機能の喪失を確認することを必須としている。一九七三年の第八回国際脳波学会においては〝脳死とは小脳、脳幹、第一頸髄まで含めた全脳機能の非可逆的停止である〟と定義し、また一九八一年米国大統領委員会も〝脳幹を含む脳全体のすべての機能の不可逆的停止〟と定義している。

一方、全脳死の立場に対して、米国ミネソタ大学基準（一九七一）や、英国基準（一九八二）、中華民国基準（一九八四）などでは、意識、呼吸、循環の中枢は脳幹部にあり、脳幹機能が喪失していれば、大脳機能が多少残存していたとしても意識を回復する可能性はなく、不可避的心臓死へのプロセスの途上にあることから、脳幹死を脳死として定義している。しかし実態は、パリスらのいわゆる脳幹死症例のほとんどは、実は全脳死の症例の脳幹症状部分のみをとり出して診断基準としているにすぎず、対象患者は全脳死症例とほぼ同じである。上記の議論からもう一歩踏み込んで、神経症状からは脳幹死の条件は満たしているが、長時間脳波活動が認められる場合があるのかというと、実は少数であるが孤立性脳幹死（isolated brain stem death）、一次性脳幹死（primary brain stem death）として報告されている症例がある。これは小脳テント下の一次性病変により、脳幹機能が廃絶しても極限的頭蓋内圧昂進が起こらず、したがって頭蓋内血流も保たれ脳波活動も持続するという場合に起こり得る。この孤立性脳幹死は発生頻度そのものが少ないが、脳波活動も認められ脳血流も存在するわけであるから、内的意識の存在は否定し得ないわけで、その意味から決して〝脳死〟のなかに入れてはならないものである。

国際脳波学会からの問い合わせに応じて、一九六八年日本脳波学会は「脳死と脳波に関する委員会」を発足させ脳死判定基準の作成を始めた。一九六九年には中間報告として脳死の定義が示され、一九七四年には脳の急性一次性粗大性病変一八六例をもとに作成された〝脳死判定基準〟（旧基準）が発表された。約一〇年後の一九八三年、厚生労働省科学研究費補助金特別研究事業において〝脳死に関する研究班（竹内一夫班長）〟が設けられ、旧基準の信頼度を確認し、わが国における脳死判定の実態を調査する目的で、全国七一三施設を対象とした大規模な前向き研究（prospective study）が施行された。この調査結果を踏まえて一九八五年〝脳死の判定指針及び判定基準〟（厚生労働省脳死判定基準）が発表された。

その後、いくつか大学施設において独自の判定基準が設けられたが、基本的には厚生労働省脳死判定基準の概念に沿っており、その他の大多数の施設では厚生労働省脳死判定基準をそのまま採用し運用している。さらに、実際の判定にあたっては、患者家族からインフォームドコンセントを必ず得る、また、できるだけ客観的なデータを残すように心がけなければならず、判定記録は、妥当な理由がある場合は、社会に対する公開性にたえ得るものでなければならない。厚生労働省脳死判定基準が発表されて一五年以上が経っているが、現在までに厚生労働省脳死判定基準を満たしたのちに多少とも脳機能の回復を示した症例は一例も報告されていない。したがって、全脳死の診断には厚生労働省脳死判定基準は必須であり妥当である。

なお、厚生労働省脳死判定基準では、補助検査法として脳幹誘発反応、脳血管撮影、X線CT、脳血流検査をあげ、脳死判定に絶対必要なものではなく、あくまでも補助診断法であるとしている。これらの補助検査法のうちのいくつかを必須検査として規定している大学施設もある。その病態を再確認し記録に残すために各臨床家、専門家がその測定限界をよく承知した上で補助検査法を採り入れることは医師の裁量として認めたほうがよい。

「**臓器移植法**」（一九九七年六月一七日成立、一〇月一六日施行）

(1)**法律の目的**（同法第一条）

臓器の機能に障害がある者に、機能を回復または付与するため、移植に必要な臓器を死体から摘出することを規定し、移植医療が適正に実施されることを目的とする。

(2)**臓器の摘出**（同法第六条一項）

医師は、死亡した者が生存中に臓器を提供する意思を書面により表示し、告知を受けた遺族が摘出を拒まない場合または遺族がいないときは、この法律にもとづき、移植に使用される臓器を死体（脳死した者の身体を含む。以下同じ）から摘出できる。

(3)**脳死の定義**（同法第六条二項）

「脳死した者の身体」とは、移植に使用される臓器を摘出される者であり、脳幹を含む全脳の機能が不可逆的に停止するに至ったと判定された者の身体をいう。

(4)**脳死の判定**（同法第六条三項）

判定は、臓器提供の意思表示に併せて判定に従う意思を書面で表示し、告知を受けた家族が判定を拒まないとき又は家族がいないときに限り行うことができる。

(5)脳死判定の基準（同法第六条四項）

判定は、的確に行うために必要な知識及び経験を有する二人以上の医師（臓器の摘出、移植を行う医師を除く）が、一般的に認められている医学的知識にもとづき厚生労働省令で定める判断の一致で行う。

(6)脳死判定の書面（同法第六条五項）

判定を行った医師は厚生省（当時）令により、直ちに判定が的確に行われたことを証明する書面を作らなければならない。

(7)書面の交付（同法第六条六項）

摘出する医師はあらかじめこの書面の交付を受けなければならない。

(8)記録の作成・保存・閲覧（同法第一〇条）

判定および摘出をした医師は、記録を作成・保存し、閲覧させなければならない。

臓器移植法の問題点

まず、同法第六条一項は、「臓器を死体（脳死した者の身体を含む）から摘出できる」と定めている。次に、同条二項は、「脳死した者の身体」を「移植に使用される臓器を摘出される者」の身体に限定している。さらに、同条三項は、脳死の判定を行うについても、「臓器提供の意思表示に併せて」本人の書面による意思表示を要求している。つまり、医師が「脳死」の判定ができるのは、「臓器提供の意思表示」があるときに限られるということであり、「脳死した者の身体」は「臓器移植」に関してだけ、「死体」と見なすという構成になっている。したがって、「脳死」は、一般的には「人の死」ではなく、「臓器移植」に限って「人の死」と扱われるわけで、「死の定義」に混乱が生じることは避けがたい。救急医療では、「脳死」は「人の死」ではないとされ、臓器移植では、「脳死」は「人の死」と扱われるということになるからである。法的には、「脳死」は「人の死」と一律に定義し、脳死体＝死体ということを前提に、死体から臓器の摘出が許される条件について定めるというのが、一番スッキリとした構成である（衆議院で可決された「改正要綱」はそのようになっていた）。ただし、「脳死」を「人の死」と一律に定義することについては、かねてから世論（特に宗教界）の反対が強かった。

確かに、「脳死」を「人の死」と法律で一律に定義すれば、医師の判断で一方的に延命措置が停止されるという事態が生じることになり、今日の「国民感情」からいっても困難があった。その意味では、臓器移植に限って、脳死を「人の死」と見なすことも、やむを得ない措置であったといえよう。なお、この法律では、本人の意思によって、「死」の判定時期を選択できることになるわけで、「終末期医療」や「患者の自己決定権」さらには「相続」などに、大きな影響を及ぼすことになろう。

臓器移植の手順

「臓器の移植に関する法律」による、臓器移植の手順は、次のようになる。

①「本人の意思」——本人に「臓器提供の意思」があり、「脳死判定に従う意思」があるそれらの意思が「生存中」に「書面」で表示されている。

②「家族の意思」——家族が「脳死判定」を拒まない（または家族がいない）。遺族が「臓器の摘出」を拒まない（または家族がいない）。

③「脳死の判定」——二人以上の医師で判定（臓器の摘出、移植を行う医師を除く）厚生労働省令で定める判断の一致で行う（竹内基準）。

④「脳死判定の書面」——判定を行った医師は判定が的確に行われたことを証明する書面を作成する。摘出を行う医師は、あらかじめこの書面の交付を受けなければならない。

⑤「臓器の摘出」——死体または脳死体から摘出記録作成。

⑥「臓器の移植」——移植記録作成。

⑦「記録の閲覧」——遺族等からの閲覧請求記録の閲覧。

終末期医療への影響

「判定は、臓器提供の意思表示に併せて判定に従う意思を書面で表示し、告知を受けた家族が判定を拒まないときまたは家族がいないときに限り行うことができる」。この法律条文にもとづき、①脳死状態の患者への治療（延命措置）の継続、②治療（延命措置）の停止＝尊厳死（自然死）、③脳死判定（終末期の患者）、④臓器摘出の可能性に関して考察する。これからの「終末期医療」では、①の「治療の継続」が原則となり、②治療の停止及び③脳死判定には、「本人の意思」が「書面」で表示されていることが必要になり、少なくとも、「医師の裁量」で行うことはできないということになる。従来、救急医療の現場では、脳死＝人の死として、「本人の意思」に拘わらず、治療（延命措置）の停止を行ってきているが、今後は、「本人の意思が書面で、表示」されていないと、「死」とは扱えないことになり、混乱が避けられないのではないかと懸念される。尊厳死にも「書面」が必要ではあるまいか。

臓器の提供

「臓器の提供」には、次の二つが要件とされている。①本人の書面による意思表示がある、②遺族が摘出を拒まないか、遺族がいない。

要綱案では、本人の意思が不明の場合でも、遺族の意思があれば、それだけで臓器の提供ができるとしていた。要綱案を次に示す。

要綱案「次の場合でなければ、死体から臓器を摘出してはならない」：ア、本人が臓器を提供する意思を書面により表示しており、かつ、遺族が臓器の摘出を拒まないとき、または遺族がないとき。イ、本人が臓器を提供する意思を書面により表示している場合及び提供する意思がないことを表示している場合以外の場合で、遺族が書面により承諾しているとき。

要綱案のように、「脳死＝人の死」と定義するのであれば、遺族の意思だけでも足りるが、「脳死≠人の死」とし、例外的に、臓器移植に限り「脳死＝人の死」と見なすのであれば、「本人の意思」が不可欠の要件となる。すなわち、「死の定義」について例外が認められるのは、「本人の意思（自己決定権）の尊重」が基本だからであって、本人の意思が不明の場合にまで、広めることはかえって、個人の権利を侵害することになり許されないからである。

ドナーカードが普及していない現時点では、臓器の提供は極めて困難である。ドナーカードの普及にも問題（本人の意思であることを証明する手段が必要）があろう。

臓器移植（organ transplantation）

生体、死体、および脳死状態の臓器提供者（ドナー）から、臓器（腎、肝、心、肺、膵、小腸等）

および組織（角膜、骨、皮膚、筋膜、心臓弁等）を、患者（レシピエント）に移植する医療。わが国ではいわゆる和田移植以来、心臓移植は行われておらず脳死ドナーが出にくい状況下、生体からの腎移植、肝移植が進んでいる。移植医療が進展するためには、十分な説明後のインフォームドコンセントの取得、レシピエントに対する厳格な適応基準作成、全臓器を対象とした移植ネットワークの整備、ドナーカードの普及、臨床病理医、コーディネータの育成等が喫緊の課題である。特にドナー本人の明示の意思表示を確保するため、ドナーカードの普及は必須で、臓器提供の意思の有無を明示した新カードの普及等の努力が続けられている。また、ブタ臓器にヒト遺伝子を組み込み拒絶反応を抑制したハイブリッド臓器や人工臓器開発も進められている。

臓器移植法の改正

平成二一年七月に臓器の移植に関する法律の一部が改正され改正臓器移植法の一部が施行され、平成二二年一月一七日から「親族への優先提供の意思表示」が可能になった。

1. 臓器摘出の要件の改正（平成二二年七月一七日施行）

移植術に使用するために臓器を摘出することができる場合を次の⑴又は⑵のいずれかの場合とする。

⑴ 本人の書面による臓器提供の意思表示があった場合であって、遺族がこれを拒まないとき又は遺族がないとき（現行法での要件）。

⑵ 本人の臓器提供の意思が不明の場合であって、遺族がこれを書面により承諾するとき。

2. 臓器摘出に係る脳死判定の要件の改正（平成二二年七月一七日施行）

臓器摘出に係る脳死判定を行うことができる場合を次の⑴又は⑵のいずれかの場合とする。

⑴　本人がＡ　書面により臓器提供の意思表示をし、かつ、Ｂ　脳死判定の拒否の意思表示をしている場合以外の場合であって、家族が脳死判定を拒まないとき又は家族がないとき。

⑵　本人についてＡ　臓器提供の意思が不明であり、かつ、Ｂ　脳死判定の拒否の意思表示をしている場合以外の場合であって、家族が脳死判定を行うことを書面により承諾するとき。

3．親族への優先提供（平成二二年一月一七日施行）

臓器提供の意思表示に併せて、書面により親族への臓器の優先提供の意思を表示することができることとする。

4．普及・啓発（平成二二年七月一七日施行）

国及び地方公共団体は、移植術に使用されるための臓器を死亡した後に提供する意思の有無を運転免許証及び医療保険の被保険者証等に記載することができることとする等、移植医療に関する啓発及び知識の普及に必要な施策を講ずるものとする。

5．検討（平成二二年七月一七日施行）

政府は、虐待を受けた児童が死亡した場合に当該児童から臓器が提供されることのないよう、移植医療に従事する者が児童に対し虐待が行われた疑いがあるかどうかを確認し、及びその疑いがある場合に適切に対応するための方策に関し検討を加え、その結果に基づいて必要な措置を講ずるものとする（http://www.mhlw.go.jp/seisaku/2010/01/01.html）。

第8章　緩和ケア、QOL

【問題】 末期医療の権威であるK教授は、「高齢者ほど死の受容が容易であり、ことさら説明しなくとも自分の死期を悟り最期を迎える。緩和ケアが必要なのは若い人々である」と述べている。これについて自由な考えを述べよ。

緩和ケアの基本概念

緩和ケアの発展は、治癒の望みが絶たれた患者や終末期の患者の医療管理に多大な向上と変革とをもたらした。その核心は患者のケア、家族のケア、クオリティ・オブ・ライフ（QOL）の向上であり、これらは集学的なチームアプローチにより達成される。

WHOのポリシーは次の三点である。

a．緩和ケアは治癒的医療の適応がなくなった終末期の患者を対象とすること。
b．単に医学的に観察される身体症状のみならず、患者の全体を視野に置くこと。
c．緩和ケアの目的は、患者と家族の可能な限り高いQOLを実現すること。

すなわち、緩和ケアとは生を肯定し、死ぬことを正常なプロセスと見なし、死を早めることも遅らせることもしない。苦痛および苦痛を与えるその他の症状からの軽減を行う患者ケアの心理的側面と霊的側面を統合する。死亡時まで、患者ができるだけ活動的に生きることを支援するサポートシステムを提供する。

患者の病気時および患者との死別時に、家族のコーピングを支援するサポートシステムを提供する。これがＷＨＯ（一九九〇）の立場である。

緩和ケアが単独で適用されるのは終末期の患者である。しかし、緩和ケアは終末期にいたる以前、診断が確定したらできるだけ早期に、治癒的医療と併用されるべきである。早期からの併用が、緩和ケアとターミナルケアとを分ける。

また、ホスピスケアは、医療が提供される場によって規定される区分である。緩和ケアは、病院の一般病棟、ホスピス、緩和ケア病棟、在宅等、患者の望むいずれの場でも提供されるべきである。人間全体を視野に入れた医療である点が、従来から行われてきた個別の部分的緩和処置と緩和ケアを分ける。治癒的医療は、たとえ、現在のＱＯＬを犠牲にしても、対象となる患者・家族の将来のＱＯＬを低下させる原因を可能な限り除き、生存期間中のＱＯＬの総和をできるだけ大きくするために行われる。よりよい未来のために、今、我慢するという考え方である。

一方、緩和ケアは、対象となる患者・家族の、現在のＱＯＬを最大限高めることによって、死亡に至るまでの今後のＱＯＬの総和をできるだけ大きくするために行われる。今我慢せずに、今のＱＯＬを高め、できるだけ高いＱＯＬを維持し続けてゆく、という考え方である。ＱＯＬの患者による定義には、四つの主要な側面がある。

a. 身体的に幸福な状態
b. 機能的に幸福な状態
c. 情動的に幸福な状態
d. 社会的に幸福な状態
また、緩和ケアの方法には次のような側面がある。
a. 継続性のあるチームアプローチ
b. 患者と家族をケアの単位と考える
c. オプションと選択肢、知識にもとづく意思決定
d. ケアへの二四時間アクセス
e. 「正しい方法は一つしかない」ことはない
f. 「家族の物語」の理解
g. 困難な死別のリスク状態にある人の識別
h. 臨床研究

日本ホスピス緩和ケア協会によると、二〇一三年三月一日現在、緩和ケア病棟入院料届出受理施設三六施設四九一五床、緩和ケア診療加算届出受理施設三六施設、緩和ケアを提供する病院五六団体であり、緩和ケアのポリシーは次のとおりである。

「がん患者の全過程を対象としたQOL尊重の医学・医療であるPalliative medicineの専門的発展のための学際的かつ学術的研究を促進し、その結果を広く医学教育と臨床医学に反映させることを目的とする」

上記の活動はがん医療全分野にPalliative medicineの重要性を示し、それを専門分野とする専門家の誕生を促し、ひいては世界のがん患者の全人的苦悩（total suffering）が緩和されることを意味するものである（第一回日本緩和医療学会抄録集）。

ホスピス・緩和ケアは、治癒不可能な疾患の終末期にある患者および家族のクオリティ・オブ・ライフ（QOL）の向上のために、様々な専門家が協力して作ったチームによって行われるケアを意味する。そのケアは、患者と家族が可能な限り人間らしく快適な生活を送れるように提供される。

緩和ケアの三大要素

緩和ケアの三大要素は、①症状のコントロール、②十分なコミュニケーション、③家族のケアである。①の症状のコントロールとしては痛みのコントロールが主となるが、他に全身倦怠感、呼吸困難、吐き気、便秘、不眠などの身体症状、不安、いらだち、うつなどの精神症状のコントロールも重要である。②の十分なコミュニケーションとしては、家族とのコミュニケーション、スタッフとのコミュニケーション、患者同士のコミュニケーション、ペットとのコミュニケーション、自然とのコミュニケーションなどが重要である。③の家族のケアには、予期悲嘆に対するケア、死の受容への援助などがある。

精神的苦悩

精神的苦悩（mental pain）の症状は、不安、いらだち、孤独感、恐れ、うつ状態、怒りなどである。精神的な苦悩のケアの基本は、十分な時間をとって、患者の言葉に耳を傾けることである。その際、患者の感情に焦点をあてて、理解的態度をとることが重要である。ポイントは以下のとおりである。

a．患者のそばにじっくり座ること
b．感情に焦点をあてること
c．安易な励ましを避けること
d．理解的・共感的態度で接すること

社会的苦悩

社会的苦悩が、患者を最も悩ます場合もある。仕事上の問題や家族内の人間関係が患者を悩ます場合がある。このような場合ソーシャルワーカーのはたらきが重要になる。

生きる意味についての苦悩

スピリチュアル（spiritual）という言葉は日本語に訳しにくい言葉であり、霊的、宗教的、信仰的などと訳される。その苦悩ほとんどの末期患者が経験するものと考えられる。〝なぜ私ががんにならねばならないのか〟というような質問はspiritual painの例である。このような場合には、宗教家の協力も必要になる。

スピリチュアルケアの詳細については拙稿[12]を参照いただきたい。

生前給付型保険

特定（三大）疾病保障保険、余命保険、リビングニーズ特約などの生前給付型保険は、被保険者の生存中に一定額の保険金・給付金を支払うタイプの生命保険である。

生前給付型保険では被保険者の死亡・高度障害状態に加えて、被保険者の生存中に生ずる支払い理由が必要になる。その理由は次の三つである。

a. 罹患病名：所定の疾病に罹患したという診断によるもの
b. 医療内容：手術や入院日数など治療内容によるもの
c. 身体状態：身体障害や余命など所定の身体状態によるもの

特定疾病保障保険は、死亡のみでなく特定の重度の疾病、すなわち、がん、心筋梗塞、脳卒中の三大生活習慣病に罹って所定の条件を満たした場合に、保険金が支払われる。従来の生命保険は被保険者の死亡による遺族の生活保障に重点を置いてきたが、被保険者が重度の疾病に罹って、長期治療、要介護状態などで高額の費用負担が発生する場合に、被保険者の生前に死亡保険金相当額が支払われるところに、この保険金の特徴がある。支払われる保険金は、被保険者の療養、介護等の費用に充てられる。

余命保険

余命保険（Living Needs Benefits, Accelerated Benefits）とは、原因疾患のいかんを問わず余命が一定期間（多くは六か月）以内の末期と診断された場合に、保険金の一部または、保険金から予定利息分を差し引いた金額（見舞金同様非課税扱い）が支払われる「生前給付型生命保険」のことである。

わが国でも「リビング・ニーズ特約」として現在爆発的に普及している。

欧米の生前給付型保険には「末期疾病（terminal illness）タイプ」の他に、「重度疾病（dread disease）タイプ」（一九八三年南アフリカが最初）、「長期介護（long term care）タイプ」がある。被保険者のQOL向上、経済的保障が目的であり、遺族の生活保障という生命保険の従来の常識を一変させ、ゴールデン・ボーイの愛称が付く空前のヒット商品となった。

しかしわが国では、悪性疾患の病名や予後が必ずしも患者に知らされてない状況にあるため、インフォームドコンセントの法理、自己決定権の尊重に抵触するが、被保険者以外の家族が給付請求をすることが可能であるため、本人請求は未だに少ない。

主治医が余命診断を行う場合に考慮する三条件は、多発性遠隔転移、急速な腫瘍の増大・浸潤、各種治療に対する治療抵抗性である。

リビング・ニーズ特約診断と生命予後の関係についても、様々な問題が指摘されている。主治医の余命診断が的中しない確率は約三〇%であり、主治医の診断書（参考意見書）をそのまま信頼することができにくいため、生命保険会社独自の支払い可否審査が必要になる場合も少なくない。累積生存率が高くなる要因としては、通院、病名告知あり、本人余命告知あり、家族余命告知なし、疼痛なし、麻薬使用なし、IVH（中心静脈栄養）なし、腹水なし、胸水なしである。また、一年生存率が極めて悪くなる条件は、がん性疼痛に対する麻薬使用、経口摂取不能でIVH実施の場合である。

ちなみに、死亡例の余命期間（一一一人）の平均値は七六・三日、中央値は五七日、生存例の生存期間（四七人）の平均値は一七三・三日、中央値は一四五日との報告がある。

また、生存給付型定期保険と呼ばれる保険もある。すなわち、定期保険に生存保険を上乗せし、死亡保障に加えて、保険期間中の一定の時期に生存給付金が支払われるようにした保険である。普通の定期保険では保険期間中の死亡に対して保険金が支払われるだけで、満期になっても保険金の支払いはない。そこで、生存給付金の支払いによって貯蓄機能を付加した保険として、主に若者向けに販売されている。

介護保険の活用

一八年四月からは四〇歳以上の末期がん患者に介護保険が適応されることになり、在宅療養が重要な医療の場となるよう周知がなされるべきである。

末期がん等の方は、心身の状況に応じて、迅速に介護サービスの提供が必要となる場合がある。保険者より、末期がん等の方に対して、①迅速な暫定ケアプランの作成、②迅速な要介護認定の実施、③入院中からの介護サービスと医療機関等との連携、④主治医意見書の診断名欄への「末期がん」の明示、⑤区分変更申請の機会の周知等を行い、末期がん等の方に対する適切な要介護認定の実施および介護サービスの提供を行うことが必要である。厚生労働省の通知を抜粋引用する。

主治医意見書の診断名欄への「末期がん」の明示について

「要介護認定における「認定調査票記入の手引き」、「主治医意見書記入の手引き」及び「特定疾病にかかる診断基準」について」（平成二一年九月三〇日老老発〇九三〇第二号厚生労働省老健局老人保健課長通知）において「四〇歳以上六五歳未満の第二号被保険者については、主治医意見書の診断名の欄に、介護を必要とさせている生活機能低下等の直接の原因となっている特定疾病名を記入」することとしています。

主治医意見書に末期がんであることを明示することは、保険者の要介護認定事務局や介護保険認定審査会における迅速な対応に資するため、特に申請者が末期がんと診断されている場合には、診断名を明示いただくよう、主治医の皆さまに周知願います。ただし、告知の問題については十分留意願います。

末期がん等の方は、心身の状況が急激に悪化するため、複数回、要介護状態区分の変更が必要となる場合があります。

したがって、末期がん等の方には、区分変更申請が提出されれば、要介護状態区分の変更等が速やかに行われることについて周知願います（http://www.mhlw.go.jp/topics/kaigo/nintei/dl/terminal-cancer_1.pdf)。

第9章　終末期医療、安楽死、尊厳死、自殺幇助、生命維持治療の不開始・中止

終末期の定義

終末期とは治癒不可能と思われる患者に対して医療者が死を予想した時点、患者や家族が死を予期した時点から始まると思われるが、病態や状況によって多様である上、その主観的な感じ方も多様であり、一般化し期間を想定することはできない。終末期は便宜上、余命六か月以内を広義の終末期ととらえる場合があるが、具体的期限を境にそれ以後が終末期であると決めることは医学的に適切とはいえない。

重度の意識障害、遷延性意識障害（PVS）、いわゆる植物状態を終末期ととらえることは不適切である。

日本医師会医事法関係委員会「答申　終末期医療を巡る法的諸問題について」平成一六年三月（日本医師会編『国民医療年鑑』平成一五年度版、春秋社、四六四—四九八頁、二〇〇四年九月より抜粋）

本報告書では「終末期」を二つに分けて、「疾病・傷害により少なくとも二週間以内に、長くとも

一か月以内に死が訪れるのが必至の状態である期間」を「狭義の終末期」と定義し、その間に行われる通常の医療を「狭義の終末期医療」、「狭義の末期医療」と呼び、「生命維持装置の適用にもかかわらず、合理的な医的判断の範囲内では、死を招かざるを得ないような疾病・傷害によって引き起こされる不治の状態で、そして生命維持処置の適用は患者の死の瞬間を延期することだけに役立つ状態で生存している期間」を広義の終末期と考え、そこでなされる通常の医療を「広義の終末期医療」、「広義の末期医療」と定義する。

日本医師会　第Ⅸ次生命倫理懇談会　平成一六・一七年度　「ふたたび終末期医療について」の報告　二頁、平成一八年二月

「終末期」ということをどのように決めるかについては、まず、これまで「ターミナルケア」という用語が使われる場の中心にあった進行がんの場合、生命予後（余命）について「半年以内」、「一年以内」といった区切りをつけて、ターミナル期としていることが多かった。更にターミナル前期（半年〜数か月）、ターミナル中期（数週間）、ターミナル後期（数日）、死亡直前期（数時間）などと区分して、それぞれの時期にどのようなケアをするかの目安にしている場合もある。しかし、これは、がんという疾患に共通した病態の進行の仕方があり、また、それぞれの時期について、がんと呼ばれる疾患に通の対応の仕方があるという前提があった上で成り立つ、実践的な区分である。しかし、がん治療に関する医学的知見が進歩して、さまざまながんの区分ごとにさまざまな対応の仕方が見出され、化学療法にしても緩和的な使い方を含めて、細かい対応が必要になっている状況下では、「がん」として一括りに扱うことができない面が出てきている。がんの進行の仕方についても、共通点も

あるが微妙な差もあり、その差のほうが細やかな対応にとって重要になってくる場面もある。つまり、がんという範囲の疾患をとって考えてみても、生命予後を物差しにして「終末期」を規定することができるとしても、それだけでは不十分になってきている。

【問題】神経難病筋萎縮性側索硬化症（ＡＬＳ）患者のＳさんは、精神的苦痛並びに、家族への介護負担の増大を心的負担と感じ、しきりに安楽死の希望を述べている。Ｓさんの訴えにどう対処すべきか、自由な考えを述べよ。

安楽死・尊厳死の概要

安楽死（Euthanasia）は、本人の持続的で真摯な自発的要請により、医師が患者を幇助して患者の生命を短縮させる行為である。

一九九五年横浜地裁判決の医師による積極的安楽死の四要件は、①耐え難い肉体的苦痛、②死の不可避・切迫、③肉体的苦痛の除去・緩和に尽くし他に代替手段がない、④生命短縮を切望する患者の明示の意思表示、である。

尊厳死（Death with Dignity）は、意識回復の見込みのない持続的植物状態の患者や、積極的蘇生を望まないがん末期の患者自身のリビング・ウイルに基づき、生命維持装置による医療を中止し、尊厳ある死を迎えさせる行為である。

リビング・ウイル（Living Will）とは、望まない医療・無益な延命治療から解放される権利にもとづき熟慮の上文書によって表明された「尊厳死の宣言書」であり、法的には生前発行遺言である。世界最初の法制化は一九七六年の「カリフォルニア自然死法」である。

リビング・ウイルは、判断能力のあるうちにあらかじめ行う医師への「事前指示書」(advance directives) に含まれ、その実施を確認するために代理意思決定者を委任する「持続的委任権」(durable power of attorney) によって患者の意思が保証される。

日本では一九七六年に憲法一三条「自由および幸福追求の権利」による自己決定権を行使するため、日本安楽死協会が創設され、八三年には日本尊厳死協会と改称、①不治の病で死期が切迫した場合の延命治療の拒否、②苦痛の緩和、③三か月以上植物状態が続き回復の見込みがない場合の生命維持装置の取りはずしに賛同した登録会員は約一二万人である。九四年には日本ホスピス・リビング・ウイル協会が設立され、ホスピス的尊厳死の普及を目指している。両会とも終身会費一〇万円、夫婦一五万円である。

歴史的背景

かつて、在宅での穏やかな死が一般的であったのに、医療技術の進歩に伴って、穏やかに死を迎えることがかえって困難になる場合がある。「確かに寿命は驚くほど延びたけれども、死にゆく過程も引き延ばされた」という死のアイロニーすらある。著名な内科医オスラー (William Osler) 博士は、ボルチモアのジョーンズ・ホプキンス病院での実験例、四八六人の死亡患者について研究し、『科学と不死』(一九〇八年) のなかで報告している。最期の一日、苦しんで死んでいった人の割合は全死亡患者のわずか五分の一にしかすぎない。「大部分の場合、死は眠りのようなもの、あるいは、記憶が薄れてゆくようなものである」とオスラー博士は語った。

今日アメリカでは、一年に二五〇万人の人が亡くなるが、大ざっぱにいって三分の二の人が、心臓病やがんといった慢性疾患を患い、さんざん苦しんだ末に亡くなるのである。しかも、死に逝く人は、社会の生き残る人々から次第に「隔離」されているとの指摘がある。病院、ナーシングホーム、その他の施設で死を迎える人の割合は一九三〇年代から次第次第に増加し、今日では八〇%にまで達している。しかも、最新の研究によれば、死にかけている時に意識のある人の大部分が苦痛を感じているという。

こういう状況下では、安楽死を支持する人がぐんと増えているということも驚くに値しない。世論調査によれば、アメリカ人の大部分が、主治医から、致死量の薬物を処方される権利を患者がもつということに賛成しているという。一九九六年、ミシガン州裁判所は、二人の女性を幇助して自殺させた容疑で起訴された「死の医師」として著名なケボキアン（Jack Kevorkian、一九二八年五月二〇日～二〇一一年六月三日）医師に対して無罪を言い渡した。一方、カリフォルニア州、およびニューヨーク市裁判所は、医師による自殺幇助を禁止する法律を撤廃させた。連邦施行裁判所は、一九九七年夏、このような自殺幇助禁止の法律の合憲性についての判断は各州に任せるという見解を示した。

このような問題が現れたため、医学界も分裂してしまった。アメリカ医師会（AMA）、アメリカ看護協会、全米ホスピス等多数の団体は、連邦最高裁が医師による自殺幇助を禁止しないよう書簡を送っている。一方、医師による自殺幇助禁止を合憲として支持する団体、個人は、アメリカ医学教育協会、ホスピス職員連合等である。

歴史的事件と法制化の経緯

(1) カレン・アン・クインラン (Karen Ann Quinlan) 裁判 (一九七六)

医療の現場における医療従事者、特に医師と患者の人間関係は、最近とみに重視されてきているが、それは米国における一九六〇年代の〝患者の人権運動〟以来の医療の倫理、生命倫理の急速な変化にもとづいている。

精神安定剤を服用していた若い女性カレンがパーティで強い酒を飲んだあと意識を失って倒れ、一九七五年に入院して生命維持装置を付けられていた。数か月して、持続的植物状態で意識を取り戻す望みはほとんどないという診断をうけた。娘が元気なときに「もし私が植物状態になるようなことがあって生命維持装置を付けられたら、取り外してもらって欲しい」といっていたのを知っていた両親が、娘に代わって希望を伝えたが、医師が聞き入れなかったので訴えた事件である。一九七六年にニュージャージー州の裁判所で〝カレンから生命維持装置を取り外してよろしい〟という判決が下された。生命維持装置を取り外し後、九年間生きて自然の状態で息を引きとった。

(2) 〝カリフォルニア州自然死法〟の制定

カレンのニュースを聞いたカリフォルニア州民は、カレンと同じようになったら、生命維持装置を外してもらえるようにと法制化運動をし、〝カリフォルニア州自然死法 (State of California Natural Death Act) (一九七六)〟が制定された。本法には、〝成人が末期状態になったときに、生命維持装置を取り外すようにと、まだ知的精神的判断能力がある間に、医師に対して文書をもって指示する文面を作成する権利を、カリフォルニア州民に認める〟と定めてある。

死を早める処置の様々

宮川俊行は安楽死を他者との関係で解析し、「合理主義的発想に支えられて、他者の生命を多かれ少なかれ死の方向に意識して人為的にコントロールしようとする人間的行為」と定義して以下の四分類を行った。

a. 非理性的、非人間的生命のあり方を否定する尊厳死的安楽死
b. 厭苦死、鎮痛の可能性のない身体的苦痛に伴われた生命の拒否
c. 放棄死、苦痛を伴う患者のために共同体が崩壊し放棄されていくなかでの死
d. 淘汰死、共同体存続のために患者の生命が淘汰された状態に追い込まれての死

死を早める様々な行為について、以下に整理したい。

(1) 自然死

自然死（natural death）とは、終末期の患者が、医療の介入をやめて、寿命がくれば死を迎えられるような自然の状態にしてもらって、自己の尊厳を保ちながら迎える自分らしい死のことである。

(2) 尊厳死

カリフォルニア州法でリビング・ウイルが法制化されてから、他の州でも同じような法律を次々と制定したが、州によっては自然死法と呼ばず「尊厳死法」とした。それは〝終末期に生命維持装置による医療の介入をやめ、寿命がきたらいつでも自分らしく死ぬことができるのは、自己の尊厳を保った自分らしい死の迎え方、つまり尊厳死（death with dignity）をすることである〟と考えたからである。これが、元来の尊厳死の意味であり、〝狭義の尊厳死〟である。自然死も狭義の尊厳死も、患者本人の自発的な意思表示によらなければならず、家族などの同意ではいけない。あくまで本人のリビ

ング・ウイルが必須となる。

(3) 広義の尊厳死

自己の尊厳を保った自分らしい死、すなわち〝尊厳ある死〟ならば、方法を問わず、すべて尊厳死であると解釈する人々も出て、用語の混乱があるので、〝狭義の尊厳死〟に対して、他の〝尊厳ある死〟を〝広義の尊厳死〟として区別することを提唱している。なお、一九八一年には、世界医師会総会で〝患者の権利に関するリスボン宣言〟が採択され、〝患者は尊厳のうちに死ぬ権利をもつ〟と宣言された。この場合に〝患者は死ぬ権利をもつ〟と解釈するべきではなく、〝患者は死の迎え方を選択する権利をもつ〟、と解するべきであろうと思われる。

(4) 慈悲殺

患者の家族やごく親しい人が患者が激痛やひどい苦痛にさいなまれていたり、見るに見兼ねるようなひどい身体的あるいは精神的状態のときに、これ以上いたずらに生存を長引かせることが、かえって本人を苦しめ続けることであり、いっそひと思いに死なせてあげたほうが患者のためになると確信して患者の生命を終焉させるのを慈悲殺（mercy killing）という。たとえ、患者の尊厳の侵害が進むのを防ぐためと考えたにしても、それは尊厳死ではない。

慈悲殺の場合、患者本人の明示の意思表示がないのに、患者への憐れみの気持ちから起こる当事者の思い込みで実行するという特徴があり、法的には殺人行為である。

(5) 消極的安楽死

消極的安楽死（passive euthanasia）という言葉は、以前からよく使われてきた用語であるが、一九九五年三月二八日の横浜地方裁判所での松浦繁裁判長の判決文の中で〝消極的安楽死は、治療行為の中止としてその許容性を考えれば足りる〟と述べて、消極的安楽死という概念の導入を否定している。

(6)通常の医療行為中止による患者の自然死

前述の一九九五年横浜地方裁判所の判決文のなかで、裁判長は、通常の医療行為の範疇での医療の中止の対象を示し、通常の医療行為の中止による患者の自然死のための要件をあげて、終末期医療の中止を安易に容認しているわけではないことを明らかにしている。

(7)自発的安楽死

自発的安楽死（voluntary euthanasia）は、従来、積極的安楽死（active euthanasia）といわれていた。しかし、積極的安楽死には、本人の意思の明示と医師が本人の強い要請にもとづいて積極的に実施することが必須であるという考えから、〝自発的積極的安楽死〟と丁寧に表現している学者もいる。さらに、医師による自発的安楽死、医師による患者の自殺幇助のように表現する場合もあるので注意されたい。このような用語の変遷は、一九七一年にオランダで起こった母親の要請により女医が行った積極的安楽死事件以来のオランダにおける三十数年にわたる、オランダ議会、オランダ王立医師会、多くの判例、種々の分野の学者ならびに住民による真剣な努力の積み重ねによる、安楽死の社会的容認に向けての歴史的経過につれて起こってきたものである。そのうえ、米国における自発的安楽死の法制化運動や一九九五年五月のオーストラリア北准州における世界で最初の法律の制定などによる国際的な動きにも影響されてきた。

自発的安楽死・自殺幇助の要件の国際比較

(1) わが国の判例

わが国の判例ではいわゆる山内判決（昭和三七年一二月二二日名古屋高裁判決）が安楽死の六要件として知られている。即ち、

a. 病者が、現代医学の知識と技術からみて不治の病に冒され、しかもその死が目前に迫っていること。

b. 病者の苦痛が甚だしく、何人も真にこれを見るに忍びない程度のものになること。

c. もっぱら、病者の死苦の緩和の目的でなされたこと。

d. 病者の意識が、なお明瞭であって、意思を表明できる場合には本人の真摯な嘱託、または承諾のあること。

e. 医師の手によることを本則とし、これにより得ない場合には、医師により得ないと首肯するに足る特別な事情があること。

f. その方法が倫理的にも妥当なものとして容認し得るものになること。

いわゆる東海大「安楽死」判決（横浜地裁一九九五年三月二八日）では、「治療行為の中止の要件」として、①回復の見込みのない末期、②患者の意思表示、③治療行為の中止の対象、時期に関する条件をクリヤーすること、および、「安楽死の四要件」として「①耐えがたい肉体的苦痛、②死期の切迫、③患者の意思表示、④代替手段なし」が示された。さらに判決は、インフォームドコンセントの取得実施、リビング・ウイル、チーム医療体制の普及整備の必要性を強調している。

一九九五年三月二八日の横浜地方裁判所の判決に際して、松浦裁判長が提示したこの〝医師による

積極的安楽死の四要件〟は、わが国にとって特に重要である。もちろん四要件は、三三年前（一九六二年）に名古屋高等裁判所の判決で、成田薫主任判事が提示した〝一九六二名古屋安楽死六要件〟を現状に即するように手直ししたものである。

一九九五年四要件と一九六二年六要件の間には、次に示す五つの違いがある。

① 表題に〝医師による〟と明記して名古屋の第五要件にある例外を認めなかったこと。

② 病者の苦痛を肉体的苦痛のみに限定したこと（現在のオランダの要件では、耐えられない精神的苦痛も入っている点に注意）。

③ 〝耐えがたい肉体的苦痛があること〟と本人の苦痛の訴えによることにし、名古屋の第二要件での〝病者の苦痛が甚だしく、何人も真にこれを見るに忍びない程度のもの〟と第三者の個人的感情に基準をおいた日本の国民感情に訴える基準を廃したこと。

④ 〝生命の短縮を承諾する患者の明示の意思表示があること〟と明記し、本人が意思を表明できない場合を認めなかったこと。

⑤ 自発的安楽死をさせる方法に〝他に代替手段がないこと〟を新たに要件に入れて、厳しくしたこと。

(2) WHOの見解

WHO専門委員会はパリアティブケア（緩和ケア）における治療法が発達している現在、安楽死を法律によって認める必要はないとの立場をとる。なぜなら、痛み苦しみながら死ぬことを避けるための実際的な方法が存在するので、法律によって安楽死を認めよとの圧力に従うことなく、パリアティブケアの実践に集中すべきである。委員会の結論は以下のようにまとめられている。

a. 生命維持治療が疾患の経過を好転させず、死への過程を延長するにすぎなくなり、しかも患者の希望に合致しないとき、生命維持治療を開始しないことも、あるいは中断することも、倫理的に正当である。

b. 意識がない患者や意思を表明できない患者の代わりに、患者があらかじめ指名した家族、保護者、近親者と協議した上で、医師がこのような決定を行うことも倫理的に正当である。

c. 患者の命を縮めるかもしれないとの理由のみによって、痛みその他の症状の治療に必要な量の薬の投与を差し控えるべきではない。

d. 安楽死（薬を用いて死を積極的に早めること）を法律で認めるべきではない。

(3) 米国の動き

前述のとおり、安楽死の内容を盛り込んだ法案を提示し、住民投票を、一九九一年にワシントン州、一九九二年にカリフォルニア州、一九九四年にオレゴン州で行ったが各州とも失敗していた。一九九八年オレゴン州のみが法制化に成功した。法律名を「尊厳死法」としようとしたのは、安楽死という言葉に対する嫌悪感や恐怖感をもつ住民感情を配慮したものであった。

オレゴン州連邦裁判所は、この国初の自殺幇助は十分に検討し議論すべきとして禁止命令を出していたが、一九九八年ついに州法を実施に移すに至った。医学界は、慎重な態度で事の推移を見守っている。全米生命権利委員会（National Right to Life Committee）は、安楽死法が認められたからといってそれがよい考えとはいえないとし、オレゴンヘルスサイエンス大学も法廷で何が起ころうと緩和ケアチームを作るべきであるとの見解を提示している。なぜなら、臨死患者のうちホスピスケアを受けているのは一〇～一五％にすぎず、患者の大半は慰めや、癒しの方法があることを知らぬまま、見捨てられたと感じて安楽死を願うからである。

(4) オランダの安楽死ガイドライン（一九九四年一月一日施行）[1]

最も進歩的な考え方をしているオランダにおける自発的安楽死の要件は自発的安楽死を理解する上で重要である。ガイドラインの要点は以下のとおりであった。

a. 症例の経過（回復の見込みなし）
b. 患者からの自由意思による、はっきりした、強い要請
c. 第三者の意見
d. 安楽死の実行

オランダでは、ホームドクター制がゆきわたっている。安楽死もほとんどがホームドクターによって患者の家庭で実行される。しかし、「ホームドクターは裏切れない」「代理医は融通が効かない」「セカンド・オピニオンを求めにくい」等、利用者側の不満もある。

その後、オランダ上院は二〇〇一年一〇月、医師が一定の条件を満たして実施すれば安楽死を合法化する法案を賛成四六、反対二八で可決した。一九九九年、下院も通過しているため、国家レベルでは世界で初めて安楽死が合法化された。法律は①患者の自発的かつ明確な要請、②医師と患者の十分な信頼関係、③苦痛が耐え難く改善の見込みがない、④代替治療がない――などの条件を満たして医師が実施した安楽死については、刑事責任を問わないとする内容である。一六歳以上を対象とするが、一二歳以上でも親権者の同意があれば安楽死が可能となる。[6]

(5) 世界医師会 WMA 『医の倫理マニュアル』（二〇〇八年五月一六日）

安楽死と自殺幇助はしばしば道徳的に同義とみなされますが、実際には明確な実践上の区別があり、

法域によっては、法律で区別されています。安楽死と自殺幇助は、たとえ同様に生命を短くするものであっても、不適切、無益もしくは望まれていない治療を差し控えたり中止したりすること、あるいは思いやりのある緩和ケアの提供とは区別されます。

安楽死や自殺幇助は、患者がそのような状況で生き続けるぐらいなら、むしろ死にたいと考えるような耐えがたい痛みや苦しみの末に求められるものです。

さらに、死ぬことを決める権利、さらには死ぬ手助けを求める権利さえあると考えている患者もたくさんいます。医師は医学的知識をもち、苦しまず早く必ず死ぬことのできる薬をもっているという理由から、死ぬための最も適切な手段とみなされています。当然ながら、医師は安楽死や自殺幇助をしてくれと言われても、簡単に応じるわけにはいきません。このような行為は、ほとんどの国で違法とされ、多くの医の倫理綱領でも禁止されているからです。この禁止はヒポクラテスの誓いの一部であり、WMAの安楽死に関する宣言（Declaration on Euthanasia）でも改めて強調されています。

「安楽死は、患者の生命を故意に絶つ行為であり、たとえ患者本人の要請、または近親者の要請に基づくものだとしても、倫理に反する。」

Euthanasia, that is the act of deliberately ending the life of a patient, even at the patient's own request or at the request of close relatives, is unethical.

ただし、このことは、終末期状態にある患者の自然な死の過程に身を委ねたいとする望みを尊重することを妨げるものではない。

そうかといって、安楽死や自殺幇助を拒否することは、終末期にあって適切な治療的手段がない致命的な病気をもつ患者のために、医師は何もできないということではありません。近年では、痛みや苦しみを和らげ、生活の質を高める緩和ケアが大変進歩しています。緩和ケアは癌の子どもから死の間近な老人まで、どのような年齢の患者にも合っています。緩和ケアのなかでも、すべての患者のために重要と思われるのは、ペインコントロール（疼痛管理）です。死の迫りつつある患者を診るすべての医師は、この領域における十分な技術をもち、できれば、緩和ケアの専門職から有用な助言を得られるようにしておくべきでしょう。何よりも、医師は患者を見捨ててはならず、もはや治療が不可能な状況になっても、思いやりのある診療を続けるべきです。

(6)「死の自己決定」の立法化と影響

世界の情勢を瞥見してみると、「死の自己決定」の立法化に向かう流れが確かにあるという感を抱く。イギリス：患者自殺幇助法案（二〇〇六年五月廃案）、南オーストラリア：医療処置と緩和ケアの同意書（二〇〇四年七月）さらにフランス：末期患者の権利法（二〇〇四年一一月）等である。イギリス、フランスとも、議会レベルで、ALS（筋萎縮性側索硬化症）患者等の闘病をきっかけとした、安楽死、自殺幇助、尊厳死についての活発な議論が戦わされている。特にイギリスでは、ALS患者ダイアン・プリティー氏の自殺幇助法廷闘争をきっかけとした、終末期患者の自殺幇助支援についての議論の全てが公開されている。今一度、生を全うするための議論を深める必要がある。

安楽死が合法化されているオランダ、および自殺幇助が州法で認められている米国オレゴン州において、患者の死を積極的に早める行為にかかわった医療従事者が、精神的に悪影響を受けているとの研究報告がなされている。

精神医学上「逆転移」とされる、強い思い入れが、その後の医療に悪影響を与えているとの指摘である。死を早める医療の法制化は、医療従事者に対し死を早める処置に従事する義務を発生させる。

その影響を見定めることが重要である。(7)(8)

(7) オランダ(9)

オランダでは終末期鎮静を規制する特別の法律はなく、積極的安楽死も法的に認められている。二〇〇一年には全死亡者の四〜一〇％が鎮静、二・六％が積極的安楽死によるものだった。終末期の患者に対する鎮静や積極的安楽死を行ったことがあるオランダの医師に対する面接調査の結果、患者が抱えていた苦しみの内容、意思決定がどのように行われたか、余命短縮期間、など、多くの点で鎮静と積極的安楽死に大きな違いがあることが明らかになった。概して、人生最後の時に尊厳を失いたくないという気持ちが強い人は積極的安楽死を望み、肉体的、精神的な苦痛からの解放を望む人には鎮静が行われていた。

自らこれらの措置を望んだ患者について、患者の意思決定に最も重要だったと医師たちが考えていたのは、積極的安楽死の場合、尊厳の喪失（六三％）、回復の見込みのない苦痛（八二％）、自立の喪失（三三％）、行動の自由の喪失（一八％）だった。鎮静群では、それぞれ一八％、六〇％、六％、七％と有意に少なく、そのかわりに、疼痛が決定理由の中心になった患者が五七％と積極的安楽死群の三六％より有意に多かった。

鎮静群のうち一七％について、医師たちは、死を早めることを明確に意図して、薬剤を投与していた。鎮静群全体の六〇％に、ベンゾジアゼピン（モルヒネとの併用も含む）が投与されていた。残りの人々の多くはモルヒネのみの投与を受けた。積極的安楽死例の九四％は、筋弛緩剤またはバルビツール酸系催眠薬の投与を受けていた。

このように鎮静と積極的安楽死の間に大きな違いがある。鎮静は主に肉体的・精神的な苦痛から逃れる手段として選択されており、積極的安楽死は、人生の最後の段階で尊厳を失うことが耐えられないという思いにもとづいて要求されていた。終末期に鎮静を適用すれば積極的安楽死は減らせるという仮説があるが、それが必ずしも妥当ではないことを示唆している。

(8) ドイツ

ドイツでは安楽死合法化よりも、終末期医療に患者自身の希望を反映できる制度の構築が当面の課題となる。ドイツでは八〇〇万人から一〇〇〇万人の人が事前指示書を用意しているという。事前指示書で示された患者の意思を実行しようとする場合裁判所の判断を仰がなければならなかった。二〇〇九年六月一八日、ドイツ連邦議会は六年にわたる議論の末に、患者の事前指示法を可決し二〇〇九年九月一日施行となった。治療中止の措置などによって患者が死亡する恐れがある場合には、事前指示書だけでは十分ではなく後見裁判所の許諾が必要とされていたが、後見裁判所の許諾は、世話人と治療にあたる医師との間で、許諾、非許諾、または同意の撤回が被世話人の意思に合致していることについて合意している場合には、必要でなくなった。患者の事前指示書は権利であって、義務ではない。具体的には、病院での手術前や、介護施設への受け入れの際に、事前指示書の提出を治療や介護の条件とすることは許されない。医師との相談を義務づけない法の成立により、医療者との相談料金は疾病金庫からは支払われない（保険適用なし）。今後事前指示書起草前に終末期医療の現状を詳しく知ろうとした場合、患者は私費で医療相談をせざるを得ない。その料金は例えば二回の相談で二三五ユーロ（約三二、〇〇〇円）という例が示されている。[10] こうしたニーズをにらんで、医療コサルタントビジネスが今後展開する可能性も予想されるという。さらに、本法の施行を受けて、ドイツ連邦医師会は、二〇一一年二月、患者の自死を医師が手助けすること（自殺幇助）を事実上容認する方針を発表した。すなわち「医師が患者の自死に協力することは医師に課せられた仕事ではない（Die Mitwirkung des Arztes bei der Selbsttötung ist keine ärztliche Aufgabe.）」。今まではプロとして「医師が患者の自死に協力することは医師の倫理に反する（Die Mitwirkung des Arztes bei der Selbsttötung widerspricht dem ärztlichen Ethos und kann strafbar sein.）」と明言してきており、その姿勢が後退したといえよう。

そのほか、ベルギー、ルクセンブルク、スイス、イギリススコットランド、カナダビクトリア州、同アルバータ州、オーストラリアタスマニア州等の、自殺幇助法制化の状況については、資料集で詳述する。

生命維持治療の不開始・中止

医療行為の不開始と中止は倫理的に同様とされる言説があるが、医学・生学的には異なっていると考えるべきであり、生理学的な恒常性にいたっているかどうかなどの医学的な状態を慎重に評価したうえで医療行為の中断を検討する必要がある。

医療行為の不開始と中止は倫理的に等しいとみなして、医療行為を中止することが本人の幸福につながるか否かは疑わしい。

わが国のガイドライン

1)厚生労働省の指針

「終末期医療の決定プロセスのあり方に関するガイドライン」（二〇〇七年五月）

同：終末期医療の決定プロセスに関するガイドライン解説編
（http://www.mhlw.go.jp/shingi/2007/05/dl/s0521-11b.pdf）

【指針の骨子】

一、患者本人の決定を基本として終末期医療を進めることが最も重要な原則

一、医療の開始、不開始、変更、中止などは医療・ケアチームが慎重に判断する

一、治療方針の決定に際し、患者と医療従事者の合意内容を文書化する

一、患者の意思を推定できない場合は家族と話し合い、患者にとって最善の治療方針をとる

2）日本医師会の指針

日本医師会第Ｘ次生命倫理懇談会：終末期医療に関するガイドライン（二〇〇八年二月）
（http://dl.med.or.jp/dl-med/teireikaiken/20080227_1.pdf）

3）日本学術会議の指針

日本学術会議臨床医学委員会終末期医療分科会：終末期医療のあり方について
―亜急性型の終末期について―
（http://www.scj.go.jp/ja/info/kohyo/pdf/kohyo-20-t51-2.pdf）

4）救急医療のガイドライン

①日本集中治療医学会：集中治療における重症患者の末期医療のあり方についての勧告（平成一八年八月二八日）（http://www.jsicm.org/kankoku_terminal.html）

②日本救急医学会：「救急医療における終末期医療に関する提言（ガイドライン）」に対する当院倫理委員会の見解と留意点（二〇〇八年五月一〇日）（http://www.m-kousei.com/saka/18rinri/

houkoku31/kyuukyuugaidorainkennkai.pdf)

③日本医科大学　終末期医療に関する暫定指針（二〇〇七年四月）（http://www.college.nms.ac.jp/up_files/upload00134.pdf)

④全日本病院協会のガイドライン　全日本病院協会終末期医療に関するガイドライン策定検討会：終末期医療に関するガイドライン～よりよい終末期を迎えるために～（二〇〇九年五月）(http://www.ajha.or.jp/about_us/activity/zen/090618.pdf)

5) 緩和医療学会のガイドライン

①苦痛緩和のための鎮静に関するガイドライン（二〇〇五年一月）（二〇一〇年版は六月単行本として刊行。）(http://www.jspm.ne.jp/guidelines/sedation/sedation01.pdf)

②終末期癌患者に対する輸液治療のガイドライン（二〇〇六年一〇月）(http://www.jspm.ne.jp/guidelines/glhyd/glhyd01.pdf)

③終末期がん患者の泌尿器症状対応マニュアル（二〇〇八年一一月）(http://www.jspm.ne.jp/guidelines/urology/urology01.pdf)

④がん疼痛の薬物療法に関するガイドライン（二〇一〇年版）、金原出版、二〇一〇年六月二〇日

6) 高齢者医療のガイドライン

日本老年医学会：高齢者ケアの決定プロセスに関するガイドライン（二〇一二年版）、医学と看護社、二〇一二年一一月三〇日

その後の経緯と行政、医療界の取り組みを知るため二つの報告書を取り上げる。

厚生労働省「終末期医療のあり方に関する懇談会報告書」平成二二年一二月 抜粋
(www.mhlw.go.jp/bunya/iryou/zaitaku/dl/06.pdf)

昭和六二年以来四回にわたって、日本人の死生観、倫理観等に関する意識調査の結果等を踏まえながら、終末期医療のあり方に関する検討を重ねてきた。これらの報告書や意識調査の結果は、日本人の死生観の変化を示すばかりでなく、実際の医療現場でも検討資料として活用され評価されている。

この度、最終調査から五年の月日を経て、昨今の一般国民の認識及びニーズの変化、医療提供状況の変化などに鑑み、再度、終末期医療に関する意識調査及び検討を開催する運びとなった。平成二〇年一月に第一回「終末期医療に関する調査等検討会」を開催し、平成二〇年三月に意識調査を実施した後、平成二〇年一〇月からは厚生労働大臣主催の「終末期医療のあり方に関する懇談会」として開催し、平成二二年一〇月までにあわせて七回の検討会と懇談会を行った。

本報告書は、一般国民及び医療福祉従事者(医師、看護職員、介護施設職員)に対する終末期医療に関する調査、さらに関係者からのヒアリングをもとに、日本人の死生観、倫理観等を踏まえて、終末期医療の現状の問題点の抽出、終末期医療の考え方の整理及び望ましい終末期医療のあり方を検討し、今般、以下のとおりまとめたものである。

経緯

1)末期医療に関するケアの在り方の検討会(昭和六二年〜)

昭和六二年七月に第一回を開催し、平成元年六月に報告書を取りまとめるまでに、計一四回にわたり検討会を開催した。がんによる末期を中心に1)末期医療の現状、2)末期医療のケア、3)施設、在宅での末期医療、4)一般国民の理解などについて検討された。
2)末期医療に関する国民の意識調査等検討会（平成五年〜）
平成五年二月に第一回を開催し、平成五年三月に、末期医療に関する意識調査を実施した。平成五年八月に報告書を取りまとめるまでに、計四回にわたり検討会を開催した。主に1)末期医療に対する国民の関心、2)苦痛を伴う末期状態における延命治療、3)患者の意思の尊重とリビング・ウィル、4)尊厳死と安楽死などについて検討された。
3)末期医療に関する意識調査等検討会（平成九年〜）
平成九年八月に第一回を開催し、平成一〇年一月から三月にかけて、末期医療に関する意識調査を実施した。平成一〇年六月に報告書を取りまとめるまでに、計五回にわたり検討会を開催した。主に1)末期医療における国民の意識の変化、2)国民と医療従事者との意識を通じて見た末期医療、3)適切な末期医療の確保に必要な取り組みなどについて検討された。
4)終末期医療に関する調査等検討会（平成一四年〜）
平成一四年一〇月に第一回を開催し、平成一五年二月から三月にかけて、終末期医療に関する意識調査を実施した。平成一六年七月に報告書を取りまとめるまでに、計七回にわたり検討会を開催した。主に1)患者に対する説明と終末期医療の在り方、2)末期状態における療養の場所、3)癌疼痛療法とその説明、4)終末期医療体制の充実についてなどについて検討された。
5)終末期医療の決定プロセスのあり方に関する検討会（平成一九年〜）
平成一八年三月に報道された、富山県射水市民病院における人工呼吸器取り外し事件を契機として、「尊厳死」のルール化の議論が活発になったことから、コンセンサスの得られる範囲に限ったルール作りを進めることとなった。平成一九年一月より三回にわたり「終末期医療の決定プロセスのあり方についての検討会」を開催し、同年五月に「終末期医療の決定プロセスに関するガイドライン」及び「終末期医療の決定プロセスに関するガイドライン 解説編」を策定した。終末期のあり方を決定する際には、適切な情報提供と説明に基づいて患者が医療従事者と話し合い、患者本人による決定を基本とすることや、終末期医療の内容は医師の独断ではなく、医療・ケアチームによって慎重に判断することなどが盛り込まれた。

終末期医療のあり方に関する懇談会の主な意見のまとめ

1)終末期のあり方を決定する際のプロセスの充実とリビング・ウィルについて

○ リビング・ウィルの法制化については、「法制化するべきである」という意見がある一方、調査結果においても一般国民の約六割が否定的であったように、「法律を制定しなくても、医師が家族と相談の上、その希望を尊重して治療方針を決定する」という意見が多かった。[注1]

○ 一方で、患者の意思を尊重した終末期を実現する一つの方法として、リビング・ウィルの考え方を支持する者も増えている。リビング・ウィルを作成する際も、意思決定に至る過程において患者・家族に十分な情報を提供し、「終末期医療の決定プロセスに関するガイドライン」に記載されているようなプロセスをさらに現場に浸透させ、充実させていくことが望まれる。

○ すでに、「終末期医療のガイドライン」(平成一九年八月日本医師会)、「救急医療における終末期医療に関する提言(ガイドライン)」(平成一九年一一月日本救急医学会)、「終末期医療に関するガイドライン」(平成二一年五月全日本病院協会)が策定されるなど、終末期医療の決定プロセスについて現場への普及活動もみられるが、今後、さらに患者・患者家族に対する相談体制の整備と活用、多職種の医療福祉従事者・患者・患者家族が話し合える機会の確保、医療福祉従事者への教育の充実等が必要である。

○　また、患者が意思を表示できない、あるいは判断できなくなった状況に陥った時点で、患者の意思を推定し、終末期のあり方を総合的な観点から判断できるよう、患者に近い者を代弁者として事前に選定しておくべきであるという意見があった。

○　終末期のあり方については、健康な時から家族・近親者で話し合うことが重要であり、そのためには、国民の終末期医療に対する関心を高めていく取り組みも必要であるという意見があった。

注1　調査結果では、一般国民と介護職員では「法律を制定しなくても、医師が家族と相談の上その希望を尊重して治療方針を決定する」と回答した者の割合が最も多かった（般六二％、介五八％）。また、医師・看護職員は、「そのような書面が有効であるという法律を制定すべきである」（医五四％、看四四％）と「法律を制定しなくても、医師が家族と相談の上その希望を尊重して治療方針を決定する」（医四五％、看五三％）とで回答が二分した。

2) 終末期医療に関する患者・家族と医療福祉従事者間の情報格差

○　終末期医療のあり方を決定するプロセスにおいて最も重要な原則は、平成一九年五月に策定された「終末期医療の決定プロセスに関するガイドライン」にも記載されているとおり、「医師等の医療従事者から適切な情報の提供と説明がなされ、それに基づいて患者が医療従事者と話し合いを行い、患者本人による決定を基本としたうえで、終末期医療を進めること」である。

○「適切な情報」とは患者の病状や可能な治療法だけではなく、療養場所やこれからの過ごし方の選択肢といった「支える」医療・ケアについての情報も含む。

○しかしながら、現状では、例えば患者や患者家族がどのような医療・ケアを受けることが可能なのか、終末期についてどのようなことを事前に家族や医療福祉従事者と話し合っておく必要があるのかなど、十分な情報提供や説明がないまま、患者や患者家族は判断を迫られる状況におかれているとも考えられる。「自宅で最期まで療養できると考えるか」という問いに対しても「実現可能である」と回答した者が、一般国民は六・二%であるのに対して、医療福祉従事者が上回っているのも（医二六%、看三七%、介一九%）、こうした情報量の格差を反映している可能性がある。

3) 終末期医療体制の整備と医療福祉従事者に対する知識の普及

○医療福祉従事者が十分な情報提供や説明を行うためには、その前提として、終末期医療体制を整備し、医療福祉従事者が終末期医療に関する知識を十分に備えた上で、患者、患者家族及び医療福祉従事者が話し合う機会を確保していくことが必要である。

○終末期医療体制の整備に関しては、例えば、調査結果[注2]からみられるように「在宅終末期医療が行える体制づくり」、「患者・入所者、家族への相談体制の充実」などを求める者が多い。これからは、患者・患者家族を支えるという視点から、患者が充実した終末期を過ごせるよう選択肢を広げていくことが必要である。

注2　調査結果では、終末期医療の普及のために充実していくべき点として、医療福祉従事者は「在宅終末期医療が行える体制づくり」、「患者・入所者、家族への相談体制の充実」と回答した者の割合が多かった。

○　医療福祉従事者に対する知識の普及に関しては、特に在宅で療養する場合、終末期医療は患者や患者家族の日常生活とも密接に関連することから、医療福祉従事者が情報提供する際には、患者がなるべく充実した生活を送ることができるよう、そして患者家族には過大な負担がかからぬよう、生活の視点に立った情報を備えた上で、提供することが必要である。

4) 緩和ケアについて

○　緩和ケアとはＷＨＯ（世界保健機関）によれば「生命を脅かす疾患による問題に直面している患者とその家族に対して、痛みやその他の身体的問題、心理社会的問題、スピリチュアルな問題を早期に発見し、的確なアセスメントと対処（治療・処置）を行うことによって、苦しみを予防し、和らげることで、クオリティ・オブ・ライフを改善するアプローチである」[注3]とされている。従って、緩和ケアは医療・介護・福祉すべてを含み、その対象者は、がん患者のみではなく、生命を脅かす疾患に直面している患者とその家族である。

○　緩和ケアを進める際の課題の一つは、多くの患者が「緩和ケア＝死を迎えること」と考えていることである。こうしたイメージを払拭していくためには、患者を初めから最期まで支え続けるという姿勢で、治癒を目的とした治療の初期から緩和ケアを提供し、治療と緩和ケアを同時に並行して行っていく「パラレルケア」を浸透させることが必要である。

○ 緩和ケアについても、終末期医療と同様、患者や家族の暮らしを支える観点が必要であり、緩和ケアを提供できる場所の拡大や、緩和ケアに関わる医療福祉従事者に対する正しい緩和ケアの知識の普及が重要である。

注3 日本ホスピス緩和ケア協会ホームページ（http://www.hpcj.org/what/definition.html）より抜粋。

また、在宅終末期医療に関しては、調査結果においても、死期が迫っている場合、一般国民の約六割が自宅で療養することを望んでおり、最期まで自分の慣れ親しんだ環境で過ごせるよう支援していくことが望まれるという意見があった。

5) 家族ケア・グリーフケア

○ 患者の終末期のあり方は、家族や近親者の生活、あるいは死別後の人生に影響を及ぼすこともあり、患者をそばで支える家族や近親者に対するケア、死別後の遺族に対するグリーフケアについては今後さらに議論を深めていくべきである。特に、病気の子供を持つ両親は若いことが多く、子供が発症した直後から家族に対する支援が必要である。

6) 次回調査・議論への提言

○ 次回調査に関しては、国民及び医療福祉従事者の終末期医療に対する考え方が、その時の日本人の死生観や、医療提供体制等によって変化すると考えられることから、今後とも一定期間ごとに調査を行うことが望ましい。これまでの調査が五年おきに実施されていることを踏まえ、次回調査は平成二四年度に行われるべきである。この際、過去の調査との連続性も考慮しつつ、調査方法、調査項目について検討するべきである。具体的には、調査に先立ち検討期間を設け、例えば、調査対象者の範囲、回収率を向上させるための方策、終末期医療に関する用語の適切な使用、終末期医療の新しいニーズに適応した調査項目等を検討するべきである。

○次回議論に関しては、終末期は患者によって期間、状態も異なり、課題も多様であることから、焦点を絞って議論し、よりよい終末期医療を実現するための、具体的な方向性を示すことが期待される。特に、終末期医療を含め、在宅での医療・ケアは家族に負担がかかっていること、さらに少子高齢化を迎え、単身世帯及び二人暮らしの世帯が増加することが予想される中、どのような形で在宅での医療・ケアの提供体制を整えていくのか、医療機関のみならず、地域社会を念頭に置いた議論を深める必要がある。

平成二三年度老人保健事業推進費等補助金「終末期の対応と理想の看取りに関する実態把握及びガイドライン等のあり方の調査研究」報告書　全日本病院協会　平成二四年三月　抜粋
(http://www.ajha.or.jp/voice/message.html)

◆終末期ガイドラインのあり方

アンケート調査の施設票と職員票の共通設問である、終末期ガイドラインに明記すべき事項の上位五項目は一致しており、①本人の意思確認ができない場合の対応、②終末期の定義、③終末期の決定プロセス、④本人の意思確認の方法、⑤外部医療機関等との連携—であった。平成二一年五月に（社）全日本病院協会は「終末期医療に関するガイドライン～よりよい終末期を迎えるために～」（以下、〝全日病の終末期ガイドライン〟と略記する）をとりまとめており、上記の事項①～④に係る方針が示されていることから、実効性が高いガイドラインであることを確認できた。

しかしながら、全日病の終末期ガイドラインを利用している施設は、病院が二・九％、介護保険施設が〇・六％、グループホームが〇・五％、訪問看護ステーションが〇・三％であり、ほとんど利用されていなかった。他のガイドラインも利用されている頻度は低くガイドラインの普及・宣伝が必要である。また理解され良い様な記述方法も考える必要がある。

また、当該施設で作成したガイドラインを利用している割合が最も高く、病院が一六％、介護保険施設が四一％、グループホームが四一％、訪問看護ステーションが一八％となっていた。基本的にはガイドラインは統一したものであるべきだが、現状は施設独自の物が多く使用されており、統一・普及に向けての取り組みが必要である。今後の医療介護連携も考えた場合、終末期医療の方針決定や事前指示（リビング・ウィル）等については各施設共通のフローチャートや記載方法が必要であり、細かな点に関しては使い良い様に施設毎の裁量に任せるのが適当である。

事前指示で人口呼吸療法を中止できるか

筋萎縮性側索硬化症（ALS）等のいわゆる神経難病は、根治療法のない進行性疾患である。そのため病状の変化に応じてどのような医療・ケアを受けるかを、その都度決定していく必要がある。その際、患者自身が病状進行を想定して、今後に希望する医療・ケアに関し、あらかじめ口頭や文書等で意思表示をしておきたいという意向を示す場合がある。

筆者らは、厚生労働科学研究費補助金難治性疾患治療研究事業「特定疾患患者の自立支援体制の確立に関する研究」（研究代表者　今井尚志）の事前指示検討ワーキンググループにおいて、ＡＬＳ患者の意向の尊重とケア（事前指示）に関する検討を行い、二〇一一年三月中間報告を発表した。

気管切開・陽圧換気療法（侵襲的換気療法）は世界的にみても本邦での実施率が高く、この選択にかかわるＡＬＳ患者自身の意向がどのようなプロセスを経てケア方針決定に至るかを検討することは、重要な課題である。発表した中間報告書では、ＡＬＳ患者が呼吸筋麻痺に陥る前の患者の意向をどのように尊重するべきかを念頭に置いているが、本研究では、ＡＬＳ進行期（気管切開・陽圧換気療法導入後）において、人工呼吸療法を中止したいというＡＬＳ患者の意向に焦点を当てて検討する。

モデルケースを使用した場合と、一般的な場合に関して、人工呼吸（換気）療法の中止の可否について討論を行うための基礎資料を得ることを目的としたアンケート調査を行った。これらの問題に関連したアンケートは、医療者を対象として施行された先行研究はあるが、本研究では、初めて法律家・法学者等も対象とした。

調査の対象および方法

①神経内科医に関しては二〇一〇年に厚生労働科学研究費補助金難治性疾患治療研究事業「特定疾患患者の自立支援体制の確立に関する研究」（研究代表者　今井尚志）の事前指示ワーキンググループで行われた「筋萎縮性側索硬化症等神経難病患者の診療に従事する神経内科等医師に対する事前指示に関する調査研究」のアンケート調査において、今後に予定する「事前指示と生命維持治療の中止

等あり方に関する調査（仮称）」（第二次調査）に協力可能と回答され、調査票送付先を記載された医師一二五名、②法律家・法学者等に関しては日本生命倫理学会の第三分野（法律学、経済学、その他関連領域）の会員一〇〇名とした。調査票は二〇一一年八月に郵送し、八月末日を期限として無記名で返信とした。結果は、選択肢のある回答については単純集計した。法律家のモデルケースに関しての質問は、医師からアドバイスを求められた想定での記述回答であるが、その内容を筆者らが肯定的あるいは否定的と判断して分類したものを集計した。

アンケート調査票は医師一二五名、法律家・法学者等一〇〇名に送付され、有効回答はそれぞれ六〇名（四八％）、一七名（一七％）であった。

モデルケースについて人工呼吸療法を中止するとの医師の回答は一七名（二八・三％）、中止せず維持するは三八名（六三・三％）であった。一方、一般論について人工呼吸（換気）療法中止可能とする医師の回答は四〇名（六六・七％）、中止せず維持するは、一四名（二三・三％）であり、モデルケースと一般論で回答が逆転した。医師のモデルケースに対する回答と、一般論に対する回答について、統計的に明らかな有意差があった（p<0.001）。

法律家・法学者等の、モデルケースに対するアドバイスで、人工呼吸（換気）療法中止可能とするものは七〇％、中止せず維持すべきは一八％であり、モデルケースに対する医師の回答と大きくかい離しており、むしろ医師の一般論に対する回答に類似していた。

なお、一般論については、医師と法律家・法学者等の回答は同傾向であり、両者の回答を合わせた全回答では、人工呼吸療法中止可能とする回答五一名（六八・〇％）、中止せず維持が一七名（二二・七％）、その他七名（九・三％）であった。

回答者全員が、選択肢の理由として相当量の記載をし、また別途、文献等の資料を同封する場合もあった。

アンケート調査では、人工呼吸（換気）療法の中止について、医師回答で、モデルケースで中止せず維持するが約七割、一般論で中止するが約七割と、モデルケースと一般論で回答が大きく異なった。一方、医師、法律家・法学者等とも、一般論として、中止を可とするものが約七割、不可とするものが約二割であった。このかい離の理由の一つとしては、医師の場合、実際に自分が主治医になる、ということと比べ、一般論では、そのかかわり合いが低く、言い換えれば距離感（当事者性）により選択が異なっていると思われた。法律家・法学者等の、モデルケースに対するアドバイスと、医師の一般論に対する回答の傾向が類似していることも、距離感や客観性により説明可能と思われた。

ただし法律家のモデルケースに関しての回答は、医師からアドバイスを求められた想定での記述回答の内容を筆者らが分類したものであり、明確な選択肢があった訳ではないので質的に異なる点に留意すべきである。調査票送付先（調査対象者）は本調査の内容に比較的関心の高いと思われる対象（者）が意図的に選択されており、明らかなバイアスが存在している。また、分析対象者は少数で、かつ法律家の回答率が低いことを考慮すると、今回の結果を医師一般、法律家・法学者一般に当てはめて考えることは慎重であるべきと思われる。

しかしながら本調査はＡＬＳ患者における人工呼吸（換気）療法中止の可否に踏み込んだもので、かつ初めて法律家・法学者を調査対象に含めたものである。本邦では議論すること自体が避けられてきたと思われる本事項に対して、この調査結果の公表が、国民的議論を行うための突破口となり得るものと考える。

それぞれの回答を選択した理由に関して全員が何らかの記載をされていたことは、当該事項に関心の高い対象者であるというバイアスがあるにしても、予想以上の記載率であった。この理由の記載に関して回答者に共通する傾向をみると、中止を可とする理由としては自己決定権があげられ、中止を不可とする理由としては法的整備がないことが多く記述されていた。また、「あらゆる手段を講じてもコミュニケーションが取れない状態」ということをどのように担保しうるのか、という意見は、中止を可とする回答、不可とする回答の両者ともにみられた。コミュニケーションの問題は、ＢＭＩ（Brain Machine Interface）の技術革新により、現在での「あらゆる手段を講じてもコミュニケーションが取れない状態」が、将来には解消しうる可能性を考慮すべきであり、また、その可能性を信じて人工呼吸（換気）療法を中止しない（維持する）意見とも関連するもので、重要な指摘であった。一方で将来的には改善、治癒する可能性はないとは言えないが、かといってそれまでの不確実な期間、苦痛に耐えて生きていくことを拒否する権利を認めるのも倫理的であるという意見もあった。また法的整備が行われたならば、それで単純に人工呼吸（換気）療法の中止が可能であり、この問題が解決するという訳ではなく、現場で「中止する」負担は何ら解消しないと指摘する意見もあった。この意見は、医師の回答で、モデルケースの場合と、一般論の間で回答の選択が異なっていた理由と関連したものと推察した。

「あらゆる手段を講じてもコミュニケーションが取れない状態」であっても「人としての尊厳」があり、何ら人工呼吸（換気）療法の中止の理由とはならないという意見もあり、あらためて個別性の高い問題であることを認識させられた。

今回のアンケート調査は、人工呼吸（換気）療法に関することに焦点をあてて行ったため、それ以外の医療行為についての詳細な検討は今後の課題であるが、いかなる医療・ケアの問題に対しても先入観を排して議論していくプロセスが、ＡＬＳ患者の意向の尊重につながるものと考える。[11]

第10章

平時と大災害の医療

東日本大震災から二年、突然の大津波で瞬時にいのちを落とされた方々をはじめ震災関連の犠牲者の皆様のご冥福を祈りたい。「災害」は英語でdisaster、その語源はdis＋ギリシャ語のἄστρον＝☆で、星のめぐりが悪いために起こる災いの意味である。特に被害が甚大な場合、catastrophe（καταστροφή）が用いられるが、イエス・キリストの〝卓袱台返しの場面〟（マタイによる福音書二一章一二節）で使われるように、文字どおり天地がひっくりかえるような一大事をあらわす。今や、大地震大津波という自然の猛威に加えて、放射線被ばくの憂いが被災者のみならず日本国民の重荷となっている。

Chernobyl: Consequences of the Catastrophe for People and the Environment（http://www.strahlentelex.de/Yablokov%20Chernobyl%20book.pdf）はゴルバチョフの科学顧問を務めたロシアの科学者アレクセイ・ヤブロコフ博士を中心とする研究グループが二〇〇九年にまとめた報告書であるが、二五年前のChernobyl大参事に学び今後どう対処すべきか示唆に富む内容である。放射線被ばくについて、問題とされるのは「リスクコミュニケーション」、迫りくるリスクについて関係するものが情報を共有し、対話を重ねて備えることであろう。

一大事の死活は、平時の備えによるとするならば、我々一人一人があまねく内蔵している死のあり方、いかにこの生を生き抜きいかに締めくくるかこそ今一度問われるべきである。今年、米国臨床腫瘍学会は、進行癌のコミュニケーションのあり方について声明を発表し、対話を重ねるためのパンフレットを用意した。その日本語訳も閲覧可能となった（http://www.cancerit.jp/recommendation_file_pdf/ASCO_advanced_cancer_care_planning2011.pdf）。

「生死事大無常迅速、おのおの宜しく醒覚すべし。謹んで放逸なること勿れ」釈尊臨終時の遺戒である。すべてこの世に存在するものはいのちも何もかも変化してやまない。諸君、怠ることなくしっかりと勤めはげみなさい。"appamâdena sampadetha"釈尊最期の言葉を噛締めたい。

災害時のリスクコミュニケーション

東日本大震災、就中福島原子力発電所の事故後の、情報提供のあり方が問題とされ、特に政府の対応には下記のとおり批判が集中した。政府等、公的機関が提供している情報について、ありのままに提示する。

「東電福島第一原発事故の発災以来、政府の災害時のリスクコミュニケーションにはとかく批判が多い。今後、避難されている方々がふるさとに帰還されるに当たって、低線量被ばくの健康リスクに関する放射性物質や線量の情報をいかに適切に伝えるかについて見解を示すこと」科学的事実をできるだけわかりやすく住民の方々に伝えるため、政府を始め行政担当者および社会学や心理学等を含む多方面の専門家と住民の方々との信頼関係構築によるリスクコミュニケーションが必要である。

(イ)住民を交え、政府、専門家が協力することで関係者全員がリスクを理解し、適切な措置を講じることができる。
(ロ)特に、地域の医療関係者や教育関係者等、住民の方々と価値観を共有できる専門家が健康リスクを説明するのに果たす役割は重要である。
(ハ)こうした場合の政府の重要な役割の一つは、わかりやすい放射能のモニタリング情報や正しいリスクについての情報を提供することである。

地域に密着した住民目線のリスクコミュニケーション

被ばく線量の低減対策の実施に当たっては、科学的事実にもとづくことに加え、住民の方々の目線に立ったリスクコミュニケーションが必要である。それが政府の信頼の回復のための鍵である。
(イ)除染作業等、住民の方々が自らの手で環境を改善する活動を継続されることが、不安の解消と生活の活力の回復となり、最良のリスクコミュニケーションとなっているとの指摘が、現場で積極的に住民とのリスクコミュニケーションに取り組む行政担当者からなされた。こうした住民による積極的参加型の取り組みを除染以外の分野を含めて拡大することは重要な検討課題である。
(ロ)また、政府は各個人が自ら情報を得る手段を提供し、住民の方々がそれにより自身の状況を理解し、評価できるようにするとともに、復旧・復興に向けて主体的、持続的に取り組める環境を提供することが重要である。
(ハ)政府や専門家が住民の方々の感情を理解することはもちろんのこと、政府や専門家が、直接住民の方々と対話し、直接コミュニケーションをとることにより、全員が同じ目線に立って、被ばく

線量の低減対策を実施することができる。(1)

日本弁護士連合会「低線量被ばくのリスク管理に関するワーキンググループ報告書」に対する会長声明

政府が設置した「低線量被ばくのリスク管理に関するワーキンググループ」(以下「本件WG」という。)は、二〇一一(平成二三)年一二月二二日付けで報告書を発表した(以下「本件報告書」という。)。

本件報告書は、昨年一一月から開かれた本件WGの議論の経過を鳥瞰した上で、

① 年間一〇〇ミリシーベルト以下の被ばくでは発がんリスクの明らかな増加が証明されていないことを前提に、

② 現在の避難指示の基準とされる空間線量年間二〇ミリシーベルトを被ばく線量低減を目指すに当たってのスタートラインとし、

③ 子どもに対しては放射線を避けることに伴うストレスに対する影響(放射線影響そのものではない)について感受性が高いので食品を含めきめ細かな配慮が必要であるとし、

④ 放射線防護のための「正しい理解の浸透の対策の実施」のため、政府関係者や専門家が住民と継続的に対策を行うことが重要である

としている。

しかし、当連合会が昨年一一月二五日付け会長声明において指摘したように、このような低線量域

での被ばくについては危険性が無視できるという見解と、これ以下であればがんなどが発生しないというしきい値は存在しないという見解が併存し、科学的にも決着が付いていないにもかかわらず、本件WGは低線量被ばくの健康影響について、これに否定的な見解に立つ者が多数を構成している。

昨年一二月二八日にNHKで放送された「追跡！真相ファイル『低線量被ばく　揺れる国際基準』」という番組において、国際放射線防護委員会（ICRP）のクリストファー・クレメント事務局長は、これまでICRPでは低線量の被ばくのリスクは低いとみなし、半分にとどめてきた（その結果が年間一〇〇ミリシーベルトの被ばくによってがんの発生率が五％増加するというものである）が、それが本当に妥当なのか、現在作業部会を作って議論している旨述べており、また、ICRPの基準作りに携わってきたチャールズ・マンホールド名誉委員は、低線量被ばくのリスクを引き上げなかった背景に原発や核関連施設への配慮があり、さらに原発等で働く労働者のための基準を作るに当たり、半分に据え置かれていた低線量被ばくのリスクをさらに二〇％引き下げたことについても、科学的根拠はなく、ICRPの判断で決めた旨証言している。そうだとすると、「放射線による発がんリスクの明らかな増加は、（年間）一〇〇ミリシーベルト以下の低線量被ばくでは、他の要因の発がんの影響によって隠れてしまうほど小さい」のは「国際的な合意に基づく科学的知見」であるとする本件報告書に対しては前提において大きな疑問を抱かざるを得ない。

また、そもそも疾病の原因と結果の関係が一対一で対応することは極めて稀であって、幾つかの要因が複合して疾病が発症し得ることは経験則上明らかである。放射線影響による疾病は非特異的であって症状を観察するだけでは他の要因と区別するのは困難であるが、そのことは、低線量域における放射線影響を否定する理由にはならない。

現在の避難指示の基準とされる空間線量年二〇ミリシーベルトは、ICRP二〇〇七年勧告において緊急時被ばく状況での下限を採ったものであるが、これも具体的な科学的知見ではなく社会的な判断の結果でしかない。のみならず、年間二〇ミリシーベルト未満であれば安全性が確認されているわけでもない。

現行法上空間線量が三か月一・三ミリシーベルト（年間五・二ミリシーベルト）以上の場所は放射線管理区域とされることからしても、空間線量年間二〇ミリシーベルトを被ばく線量低減を目指すに当たってのスタートラインとすることは余りにも高すぎる。

したがって、健康影響が起きてからでは取り返しがつかない以上、低線量被ばくであっても放射線による健康影響が否定できないことを前提に対策が検討されるべきである。

次に、本件報告書は、子どもの被ばくについて、年間一〇〇ミリシーベルト以下の被ばくについては放射線被ばくの危険という表現を避けて住民の不安感や放射線回避に伴うストレスの感受性を問題にする。

確かにそのようなリスクがあることも否定できない。しかし、子どもや妊婦の放射線感受性が高いことは確立した知見であって、この期に及んでこれを曖昧にし不安感やストレスに置き換えること自体が科学的態度とはいえない。

不安感やストレスのみならず放射線被ばくそのものに対するリスクを含め、子どもと妊婦には特に慎重な対応をすべきである。

現時点における本件WGの議論状況や本件報告書を見る限り、「政府関係者や多方面の専門家」が「正しい理解と対策の実施のため」「住民と継続的に対話を行う」としても、それは放射線影響を過小評価するものとなる懸念を拭い去ることはできない。

当連合会が昨年一一月二五日付け会長声明で指摘したように、低線量被ばくのリスク管理は、国民の関心の高い重要な政策課題であって、科学者の間でも見解が分かれる課題である。よって、当連合会は、本件WGの議論や本件報告書の内容を根本的に見直し、改めて、放射線被ばくのリスクを極力回避するため、幅広い分野の専門家も交えて、十分な議論を尽くした上で社会的合意を形成することを強く呼び掛けるものである。(2)

問題解決への道標

第1章：危機的状況を切り抜ける「知」に関して

分析知と統合知、推察と直感、言語と非言語それぞれ両方が必要であり、バランスが求められる。診断は分析的・科学的知が、ケアは全人的・包括的知がより重要となる。土壇場で力を発揮するのは、平生の工夫の積み重ねである。単に「こなす」だけではエキスパートにはなれない。不断に創造・工夫を重ね、常に新境地を開拓するクリティカルシンキングで自分を鍛えよう。また、一人でくよくよ悩んでも始まらない。知恵を合わせることがよりよい判断、問題解決につながる。三人よれば文殊の知恵である。ちなみに、文殊菩薩は、切れ味のよい分析判断・理性を象徴している。ペアとなる普賢菩薩は、その名のとおり、普遍的に全体をとらえ尽くす賢しこさ・感性を象徴している。

第2章：末期がん患者C氏の主治医A医師の行動について

A医師の「インフォームドコンセントをさせてください」は根本的誤解である。例えば「あなたの病気とその治療法について、ご説明させていただき、今後の療養について、あなたから、インフォームドコンセントを受けたいと考えています」と話すべきである。

また、仮にA医師が言いっぱなしで、このまま退院させたならば、C氏のこころの痛手は大きい。見捨てられたと恨むかもしれない。医学的に治癒の見込みはなくとも、QOLを向上させる手だてを尽くすことがこれからもできることを、C氏の受容の状況を見ながら繰り返し説明する。また、リハビリテーション、訪問診療、訪問看護、ホームヘルプサービス等、在宅医療・福祉のツールの賢い活用法についても、退院前に自らあるいは、他のスタッフが時間をかけて説明するべきである。正直だけではプロフェッショナルとは呼べない。悪い知らせを、受けた後の回復を助け、よりよい判断ができるよう支援することができてはじめてプロといえる。

第3章：A病院のX院長の訓示について

A院長は、「公開」と「開示」区別ができていない。医療情報は、特定の情報を特定の人に、特定の場所で、特定の日時に、手順に則って開示されるべきであり、不特定多数に公開するたぐいのものではない。診療録の作成は、医師の義務であり、後で見られると困るからという勝手な理由で、都合の悪いことをカルテに書かないようにというのは、本末転倒の議論である。また、訴訟を恐れて、遺族の開示請求をはねつければ、遺族はいよいよ怪しみ、かえってこじれて訴訟が増える可能性もある。また、お互いつらいことではあるが、遺族の同意のもとに、病理解剖を行い、死因を明確にしておく努力も重要である。

第４章：M医師のプラシーボに対する考え方について

新薬は、プラシーボ以上の薬効が証明されることはもちろん、従来使用されてきた対照薬以上の薬効があることが求められる。さらに大前提として、プラシーボと同等以下の副作用でなければならない。対照薬以上の薬効があっても、プラシーボと比較して副作用が著しい場合は認可されない。また、プラシーボ以下の薬が将来にわたって投与されることがないように、被験者に対し、臨床試験の方法と意義を納得してもらい、その上で試験に参加していただくことが重要である。

第５章：発症前遺伝子診断について

治療法・予防法のある遺伝病であっても、ガイドラインに則り、インフォームドコンセントを得た上で、発症前遺伝子検査を行うべきである。しかし、それでは不十分であり、遺伝子検査を受けるか否かの自己決定を支援するためにも、検査前からの遺伝カウンセリングが必須となる。また、未だ治療法、予防法のない神経難病等の遺伝病についても、遺伝子型とＱＯＬの関連で、カウンセリングを行いながら発症後診断を行うべき疾患が増えつつある。しかし現行臨床ガイドラインではＱＯＬに対する配慮等が不十分であり、新たな策定が課題である。発症前遺伝子診断についても、カウンセリング体制の整備、新たなガイドラインの策定と運用が必要である。

第6章：ES細胞研究のあり方について

ＥＳ細胞研究のために、「余剰胚」の提供を受ける場合の、再同意のあり方、圧力のないインフォームドコンセントの確保が喫緊の課題である。女性の視点が特に大切で、わが国の倫理委員会が、男性優位の構造になっている点も再考を要する。

また、ＥＳ細胞研究、体性幹細胞研究に関し、患者や一般市民の期待と、予想される研究成果とのギャップも見逃せない。カニクイザルなどヒト以外の種を用いた幹細胞研究にも、動物実験の倫理問題が発生するが、コンセンサス形成の点で有利である点から今後社会的検討が進められるべきである。

第7章：F博士の主張について

従来、死は三兆候死（心臓死）という、目に見える形で判定された。一方神経学的死、脳死は、目に見えにくい死であり、脳死を人の死とみなすコンセンサスは必ずしも完全であるとはいえない。脳死状態における内部意識残存の問題も、本人の生前の意思が、「脳死判定を受け、その判定に従って、死亡宣告してほしい」というものであれば問題とはならない。しかし、内部意識の残存があることを家族が重視し、死亡したとはみなさない場合もあり、たとえ本人がドナーカードで臓器の提供を意思表示していても、家族が提供を拒むならば、現行法下では、ドナーとなることはできない。

第8章：末期医療の権威であるK教授の考えについて

年齢によらず、治癒の見込みがなくなった時点で、緩和ケアが開始されるべきである。高齢者だから、若年者だからと年齢を理由に差別するのは、エイジズムに他ならない。死の受容は、年齢によらず、多くの人々の支えを要する。フォーマルな支援のみならず、友人、ボランティアなどのインフォーマルな支えが必要となる。年齢を問わず、生きた証を残す支援することが極めて重要である。

第9章：神経難病筋萎縮性側索硬化症（ＡＬＳ）患者の安楽死について

死にたいということと、死にたいほど苦しいということとを混同してはいけない。わが国で、積極的安楽死が容認されるのは、肉体的苦痛に対して、打つ手がなく、死が切迫しており、本人の明示の意思表示がある場合に限られる。介護負担、家族への気兼ねのため安楽死を希望するということは、医療福祉の貧困を示すものであり、あらゆる手だてを尽くして、ご本人の精神的苦痛を緩和し、生き抜く意味を見いだしていただくこと、家族の支援を行い、そのことでご本人のＱＯＬが高まるよう社会資源を活用してゆくことが必要である。

あとがき

二〇〇二年の刊行以来一〇年を経て、医療倫理を巡る情勢は激変し、全面改訂が必須となった。とりわけ、「終末期医療の決定プロセスに関するガイドライン」等、終末期医療ガイドラインの整備や、ヒトゲノム・遺伝子解析研究に関する三省指針改訂、臓器の移植に関する法改正等、最新の状況を反映した内容にあらためた。今後の確実に訪れる毎年一七〇万人弱の大量死・在宅看取りへの大転換を支える、医療・介護・福祉・行政担当者等の道標としたい。また、未曾有の大震災の経験から、危機管理に関する部分を加えて、現場の読者の便を図った。本書が、日の目を見るに至ったのは、ひとえに丸善出版の小林秀一郎氏のお力によるものである。深甚なる謝意を述べたい。

三・一一の大震災は、一一階にある、わが教室にも壊滅的な破壊力で、特に蔵書のたぐいを徹底的に破壊した。収蔵庫の丸善製の屈強な移動式書棚は飴のように曲がり、固定の書棚からは、ぎゅうぎゅう詰めの図書が雨霰のごとく飛散した。自分の部屋も、あふれた書籍類でドアが開かなくなり、外伝いで窓から侵入、堆積した書の海の上をまたいでドアを開けた。よせばよいのに片付けを続けるうちに、四月七日の余震で元の木阿弥となった。かみしめた言葉がある。「諸行無常　是生滅法　生滅滅已　寂滅為楽」これは、過去世における釈迦が雪山童子（雪山とはインド北部にそびえるヒラヤマ山脈）としてヒマラヤでの修行中、羅刹（鬼神）に扮した帝釈天から与えられた真理の言葉である。詩の前半のみを羅刹から聞かせられ、詩の後半がどうして知りたくて、教えてくれたら身を捨てる約束をし、詩の後半を聞き終えて満足して羅刹の口に身を投じるが、羅刹は実は帝釈天という説話が残されている。この雪山童子と帝釈天の話は法隆寺の玉虫厨子側面にも描かれている。パーリ語で伝えられた原文は อนิจ์จา วต สัง์ขารา อุป์ปาทวยธัม์มิโน อุป์ปัช์ชิต์วา นิรุช์ฌัน์ติ เตสํ วูปส โม สุโข. anicca vata saṅkhārā, uppādavaya-dhammino; Uppajjitvā nirujjhanti, tesaṃ vūpasamo sukho. 原文の意味は、「諸々のつくられた事物は、とにかく変化する。生じては滅してゆくものである。生じては滅する現実を超越することこそ幸福なのだ」。先人は「いろはにほへと　ちりぬるを　わかよたれそ　つねならむ　ういのおく　やまけふこえて　あさきゆめみし　えひもせす」とアルファベットに読み込み、変化を楽しめと教える。

ものだけではなく、人間も震災以来特に寿命を縮め、亡くなってゆく。親類も知人も。年賀状は減り、喪中のはがきが三割増しである。古代インドの仏教徒は、不確かな世の中をどうとらえるべきか、様々な考察をめぐらしついに「空」にいたる。変化し続ける世の中の背後には、人智の及ばない何らかの因果がある。「見えない因果の関係」を「空」と呼んだ。空の真髄は、般若心経に凝縮された。 इह शारिपुत्र रूपं शून्यता शून्यतैव रूपं रूपान्न पृथक्शून्यता शून्यताया न पृथग्रूपं यद्रूपं सा शून्यता या शून्यता तद्रूपं । Śāriputra rūpaṃ śūnyatā,śūnyataiva rūpaṃ,rūpān na pṛthak śūnyatā,śūnyatāyā na pṛthag rūpaṃ,yad rūpaṃ sā śūnyatā,yā śūnyatā tad rūpaṃ.「シャーリプトラよ。実体は空である。空は実体である。実体と空の違いはない。空と実体の違いはない」。玄奘訳「舎利子　色不異空　空不異色　色即是空　空即是色」――この、色即是空　空即是色、膾炙した文言が、震災を経て、生不異死　死不異生　生即是死　死即是生という実感となっている。

Apple Computer創設の二年近く前、一九歳のSteve Jobsが作成した文書、知られているかぎりもっとも初期のものには、般若心経の〝gate gate paragate parasamgate bodhi svaha！（羯諦羯諦波羅羯諦波羅僧羯諦菩提薩婆訶）〟スタンプの印字がある。[1]

Steve Jobsは座禅の実践から、多くの独創的な製品のヒントを得た。禅宗（曹洞宗）の僧侶、乙川弘文を精神的指導者と慕って一九八六年にはNeXT社の宗教指導者に任命、一九九一年にはLaurene Powellとの結婚式の導師を依頼している。Steve Jobsは般若心経を心のよりどころにしていた。[2]

色即是空空即是色、すべては変化してやまない。医療も介護も、生命倫理もみな同じ。変化してやまない。学説も、構想され構成されたものであるから、変化してやまない。「終末期」という概念も大きく変わりつつある。厚生労働省医政局が実施してきた「終末期医療に関する意識調査」も「平成二四年度人生の最終段階における医療に関する意識調査（案）」と名称を変えた。

しかも、医政局指導課在宅医療係が主管する。「平成四年以降五年おき四回にわたって、本調査を実施し、一般国民及び医療福祉従事者の終末期医療に対する意識やその変化を把握しわが国の終末期医療を考える際の資料として広く活用してきた。この度、最終調査から五年の月日を経て、昨今の一般国民の認識及びニーズの変化、医療提供状況の変化などに鑑み、再度、国民、医療従事者、福祉施設職員における意識を調査し、その変化を把握することで、患者の意思を尊重した望ましい人生の最終段階における医療のあり方の検討に資する」（第一回終末期医療に関する意識調査等検討会、平成二四年一二月二七日資料）。「終末期医療」から「人生の最終段階における医療」へ、病院から在宅へ、治療から緩和へ、医療から介護へ、様々な変化を反映した大転換である。

変化を楽しめ。人生をいきいきと生きよ。般若心経は、サンスクリット語の呪文 गते गते पारगते

पारसंगते बोधि स्वाहा：羯諦 羯諦 波羅羯諦 波羅僧羯諦 菩提 薩婆訶で結ばれる。「いきいきと、いきいきと、道を求め、道をさらに求め、ひたすらに求め続ける覚悟、実に素晴らしいではないか」と、覚悟の人生を歩み続ける人を讃える応援の呪文である。立派にこの世を生きぬき、あの世へ旅立つ者への応援でもある。「この世で幸せに生きたように、あの世でもさらに幸せに、フレー　フレー　フレー」。

二〇一三年三月一一日

著者謹白

参考文献

まえがき

（1）ミッチ・アルボム『モリー先生との火曜日』ＮＨＫ出版、八四〜八九頁、一九九八

（2）http://www.nikkei.com/article/DGXZZO35455660Y1A001C1000000/?df=3
This is a prepared text of the Commencement address delivered by Steve Jobs, CEO of Apple Computer and of Pixar Animation Studios, on June 12, 2005.

第1章

（1）五十子敬子『死をめぐる自己決定について』批評社、一九九七

（2）http://www.mhlw.go.jp/stf/shingi/2r98520000010c8w-att/2r98520000010ted.pdf

（3）http://www.mhlw.go.jp/shingi/2010/03/s0319-9.html

（4）日本放射線技術学会雑誌　第六八巻三号掲載　二〇一二年三月二一日ＵＰ
http://www.jsrt.or.jp/data/news/3997/

（5）http://www.jsnmt.umin.ne.jp/co-medical.pdf

（6）http://www.syndicateofhospitals.org.lb/publication/patient_safety_April_09[1].pdf

（7）http://www.city.yokohama.lg.jp/kenko/soudan-madoguchi/shiryo/souma.pdf

（8）http://www.mext.go.jp/b_menu/shingi/chousa/koutou/033-1/toushin/1304433.htm

（9）http://www.mext.go.jp/component/b_menu/shingi/toushin/__icsFiles/afieldfile/2011/06/03/1304433_3.pdf

(10) 藤崎和彦「医師の行動と倫理的問題」『日本保健医療行動科学会年報』第一三巻、六七～七八頁、一九九八
(11) ジェローム・グループマン、近藤誠・平岡諦監訳『セカンド・オピニオン―患者よ、一人の医師で安心するな！』PHP研究所、二〇〇一
(12) 吉田聡、三上八郎編「セカンドオピニオン」『現代のエスプリ』第四一六号、至文堂、二〇〇二

第2章

(1) P・S・アッペルバウム他、杉山弘行訳『インフォームドコンセント』文光堂、一九九四
(2) ロバート・バックマン、恒藤暁監訳『真実を伝える―コミュニケーション技術と精神的援助の指針』診断と治療社、一七五頁、二〇〇〇
(3) 同右、一五三頁
(4) 濃沼信夫、伊藤道哉「先生、私の治る見込み（医師の治療仮説）はどうですか？　予後を見通す」田村康二編『ハムレットの治療学』永井書店、一二九～一三九頁、二〇〇一
(5) http://www.cancerit.jp/cancer_references/archive/spikes.pdf
(6) http://theoncologist.alphamedpress.org/content/5/4/302.full.pdf
(7) http://www.bms.co.jp/medical/sizai/gan_shojo_04.pdf
(8) http://www.jpos-society.org/cst/02_img/appendix.pdf
(9) http://www.niigata-cc.jp/contents/facilities/ishi/Ishi48_1/Ishi48_1_01.pdf
(10) http://www.pmet.or.jp/cst/pdf/part-1.pdf
(11) http://www.cancerit.jp/xoops/modules/nci_pamphlet/index.php/03coping_with_advanced_cancer/page01.html
(12) http://med.astrazeneca.co.jp/oncology/onc_qa/

(13) http://www.cancerit.jp/recommendation_file_pdf/ASCO_advanced_cancer_care_planning2011.pdf
(14) http://www.mhlw.go.jp/bunya/kenkou/kekkaku-kansenshou04/pdf/090217keikaku-10.pdf

第3章

(1) 和田努『カルテは誰のものか』丸善ライブラリー、一九九六
(2) 結城栄一『カルテとレセプトがわかる本』西村書店、一九九七
(3) 患者の権利法をつくる会『与えられる医療から参加する医療へ―患者の権利法を私たちの手で』患者の権利法をつくる会、一九九三
(4) http://www.caa.go.jp/seikatsu/kojin/houritsu/index.html
(5) http://www.mhlw.go.jp/topics/bukyoku/seisaku/kojin/dl/170805-11a.pdf
(6) http://mainichi.jp/feature/news/20120130ddm001010072000c.html

第4章

(1) 厚生労働省医薬品安全局GCP研究会『改訂GCPハンドブック』薬業時報社、一九九七
(2) 厚生労働省薬務局GCP研究会『医師のための治験ハンドブック』改訂第三版、ミクス、一九九八
(3) ミクス『新GCPによる新しい治験の進め方―新GCP施行を受けて』ミクス、一九九八
(4) 堀正二「いま大規模臨床介入試験が必要なわけ」『綜合臨床』第四九巻一号、九～一〇頁、二〇〇〇
(5) 厚生労働省薬務局GCP研究会『医師のための治験ハンドブック』改訂第三版、ミクス、六二頁、一九九八
(6) 杵渕修、小川聡「不整脈治療薬」『総合臨床』第四九巻一号、七九～八三頁、二〇〇〇。N. Engl. J. Med. 321:406-412, 1989.
(7) 日本弁護士連合会消費者問題対策委員会『実践PL法』有斐閣、一九九五

(8) 伊藤暁子：肝炎対策の経緯と今後—B型肝炎訴訟・C型肝炎訴訟を中心に「調査と情報」-ISSUE BRIEF- No.702, 2011. http://www.ndl.go.jp/jp/data/publication/issue/pdf/0702.pdf
(9) http://www.mhlw.go.jp/stf/houdou/2r98520000002hew1-att/2r98520000002hezw.pdf
(10) http://www.kokusen.go.jp/pl_l/index.html
(11) http://www.mhlw.go.jp/general/seido/kousei/i-kenkyu/rieki/txt/sisin.txt

第5章

(1) 中村祐輔『先端のゲノム医学を知る』羊土社、二〇〇〇
(2) 藤田芳司企画「SNP：ゲノム情報の医薬・創薬への応用と国内外の急速な動向に迫る」『実験医学』第一八巻、一四号、二〇〇〇
(3) 中村祐輔、浅野茂隆、新井賢一編集『ゲノム医科学とこれからのゲノム医療』羊土社、二〇〇〇
(4) 野口照久監修、古谷利夫編集『ゲノム創薬の新潮流』シーエムシー、二〇〇〇
(5) 西條長宏、鶴尾隆、上田龍三「テーラーメイド治療とEBMの接点」『Cancer Frontier』第二巻一号、二〇〇〇
(6) 中村祐輔編集『SNP遺伝子多系の戦略』中山書店、二〇〇〇
(7) Working Group on Ethical, Legal, and Social Implications (ELSI) of Human Genome Research編、濃沼信夫・伊藤道哉他訳『NIH遺伝子検査ガイドライン』厚生科学研究所、二〇〇〇
(8) 濃沼信夫、伊藤道哉、山崎壮一郎「遺伝子情報の社会的インパクトに関する研究」東北大学大学院医学系研究科。http://www.policy.med.touhoku.ac.jp/hap/archives/1721/
(9) 濃沼信夫「ゲノム時代の医療」『日経サイエンス』第三〇巻一二月号、二四～二九頁、二〇〇〇を改編引用
(10) BMJ2000 ; 321 : 997

(11) ＢＭＪ調査「新しい遺伝学—新しい倫理」http://www.bmj.com/cgi/content/full/322/7293/
(12) Life and Health Insurance Understanding, in Keneeth Black, Jr., Harold D.Skipper, Jr.: Life & Health Insurance, Prentice Hall, 658, 2000.
(13) 森野茂生他「毎日新聞」二〇〇〇年四月二七日
(14) 武藤香織「逆選択の防止と『知らないでいる権利』の確保—イギリスでのハンチントン病遺伝子検査結果の商業利用を手がかりに」『国際バイオエシックスネットワーク』第三〇号、一一～二〇頁、二〇〇〇
(15) http://chicagotribune.com/news/nationworld/article/
(16)「読売新聞」二〇〇一年六月九日
(17) 日本遺伝カウンセリング学会、日本遺伝子診療学会、日本産科婦人科学会、日本小児遺伝学会、日本人類遺伝学会、日本先天異常学会、日本先天代謝異常学会、家族性腫瘍研究会「遺伝学的検査に関するガイドライン（案）」平成一三年三月二七日
(18) 家族性腫瘍研究会倫理委員会「家族性腫瘍における遺伝子診断の研究とこれを応用した診療に関するガイドライン」二〇〇〇年版。http://jsft.umin.jp/guideline.html
(19) 武藤香織訳「WFN/IHA発症前遺伝子診断についてのガイドライン全文訳」http://homepage1.nifty.com/JHDN/7.htmlより抜粋。World Federation of Neurology/International Huntington Association,1994. Journal of Medical Genetics (1994;31:555–559), Neurology (1994;44:1533–1536)
(20) Peter M Andersen, Mitsuya Morita and Robert H Brown Jr.: Genetics of Amyotrophic Lateral Sclerosis: An overview, in Rovert H Brown Jr., Vincent Meininger, Michael Swash: Amyotrophic Lateral Sclerosis, Martin Dunitz, 2000.223–250. Peter M Andersen: Genetic factors in the early diagnosis og ALS, Amyotrophic Lateral Sclerosis and other motor neuron disease, 2000; 1(suppl), S31–S42. Michelle Mezei, Peter M. Andersen, Heather Stewart, Markus Weber and Andrew Eisen: Motor system abnormalities in heterozygous relatives of a D90A homozygous CuZn–SOD ALS patient of Finnish extraction Journal of

the Neurological Sciences, 1999, 169:1–2:49–55.
(21) 文部科学省・厚生労働省・経済産業省「ヒトゲノム・遺伝子解析研究に関する倫理指針」http://www.lifescience.mext.go.jp/files/pdf/n1115_01.pdf
(22) http://www.l.u-tokyo.ac.jp/dls/cleth/MedSys/conf/4125ito.html
(23) (社) 日本衛生検査所協会遺伝子検査倫理検討委員会「ヒト遺伝子検査受託に関する倫理指針」平成一三年四月一〇日。http://www. jrcla. or. jp/info/info/dna.pdf
(24)『家族性腫瘍』第一巻二号、七四〜八六頁、二〇〇一
(25) 厚生省医務局医事課監訳『アメリカ大統領委員会生命倫理総括レポート』篠原出版、三一頁、一九八四
(26) 池上直己、福原俊一、下妻晃二郎、池田俊也『臨床のためのＱＯＬ評価ハンドブック』医学書院、二〇〇一
(27) 石川秀樹「家族性腫瘍に対する化学予防」『臨床外科』第五六巻五号、六一七〜六二一頁、二〇〇一
(28) 宇都宮譲二監修『家族性腫瘍遺伝カウンセリング』金原出版、二〇〇〇
(29) 大生定義「脳神経疾患診断におけるＱＯＬの評価 神経難病」『臨床成人病』第三一巻一号、四五〜五〇頁、二〇〇一
(30) 千代豪昭『遺伝カウンセリング』医学書院、二〇〇〇
(31) Davis SD: Genetic Dilemmas, Routledge, 2001.
(32) Khourty MJ, Burke W, Thomson EJ ed.: Genetics and Public Health In the 21st Century, Oxford UP, 2000.
(33) Knoppers BM, Laberge CM, Hirtle M ed.: Human DNA: Law and Policy, Kluwer Law International, 1997.
(34) Koppers BM: Socio-Ethical Issues In Human Genetics, Les Editions, 2000.
(35) Hiroshi Mitsumoto, Theidore L. Munset: Amyotrophic Lateral Sclerosis, A Gide for Patient and

Families, Second Edition Demos, New York, 2001.
（36）Humber JM, Almeder RF ed.: Privacy and Health Care, Humana Press, 2001.
（37）Oliver D, Barasio GD, Walsh D ed.: Palliative Care In Amyotrophic Lateral Sclerosis, Oxford UP, 2001.
（38）Life and Health Insurance Understanding, in Keneeth Black, Jr., Harold D.Skipper, Jr.: Life & Health Insurance, Prentice Hall, 658, 2000.
（39）特定疾患患者の生活の質（ＱＯＬ）の向上に関する研究班（班長 福原信義）「厚生科学研究費補助金 特定疾患対策研究事業 横断的基盤研究 特定疾患患者の生活の質（ＱＯＬ）の向上に関する研究班 平成一二年度報告書」平成一三年三月
（40）加藤尚武『脳死・クローン・遺伝子治療—バイオエシックスの練習問題』ＰＨＰ新書、一九九九
（41）http://child-neuro-jp.org/visitor/iken2/20130202.html
（42）濃沼信夫、伊藤道哉、金子さゆり「がんの経済難民を出さないために—技術革新に伴う患者負担の増大にどう対処するか」『医療白書二〇一一年度版』日本医療企画、四四〜五四頁、二〇一一
（43）泉眞樹子「医療費における自己負担と医療アクセス—保険給付と高額療養費、難病対策その他の公費医療」『レファレンス』平成二二年九月号。http://www.ndl.go.jp/jp/data/publication/refer/pdf/071605.pdf

第６章

（１）『女たちの二一世紀』アジア女性資料センター、二五号、二〇〇一年二月所収の柘植あづみ著「21世紀の医学・科学技術—誰のための先端医療か」に柘植氏自身が加筆したものである。http://www.let.kumamoto-u.ac.jp/cs/cu/010521tsuge.html
（２）柘植あづみ「先端技術が〝受容〟されるとき ＥＳ細胞研究の事例から」『現代思想』第三〇巻二号、七六〜八九頁、二〇〇二
（３）Hiroshi Kawasaki, Hirofumi Suemori, Kenji Mizuseki, Kiichi Watanabe, Fumi Urano, Hiroshi Ichinose,

Masatoshi Haruta, Masayo Takahashi, Kanako Yoshikawa, Shin-Ichi Nishikawa, Norio Nakatsuji, and Yoshiki Sasai: Generation of dopaminergic neurons and pigmented epithelia from primate ES cells by stromal cell-derived inducing activity,Proc. Natl. Acad. Sci. USA, Vol. 99, Issue 3, 1580–1585, 2002.
（4）長島隆、盛永審一郎編『生殖医学と生命倫理』太陽出版、二〇〇一
（5）保木本一郎『核と遺伝子技術の法的統制』日本評論社、二〇〇一
（6）橳島次郎『先端医療のルール』講談社現代新書、二〇〇一
（7）R・ゴスデン、堤 理華訳『デザイナー・ベビー』原書房、二〇〇二
（8）http://www.mhlw.go.jp/stf/shingi/2r9852000002r9rn-att/2r9852000002r9wo.pdf
（9）http://www.mhlw.go.jp/bunya/iryou/dl/tuuti_220330.pdf
（10）「毎日新聞」二〇一三年二月五日
（11）http://mainichi.jp/opinion/news/20130205k0000m070133000c.html
（12）「毎日新聞」二〇一三年二月七日（木）配信
（13）「エンハンスメントの哲学と倫理」http://utcp.c.u-tokyo.ac.jp/blog/2009/01/utcp-28/

第7章

（1）厚生省保健医療局臓器移植法研究会監修『臓器の移植に関する法律関係法令通知集』中央法規出版、一九九八
（2）中山研一、福間誠之編『臓器移植法ハンドブック』日本評論社、一九九八。中山研一『脳死移植立法のあり方—法案の経緯と内容』成文堂、一九九五
（3）町野朔、秋葉悦子編『脳死と臓器移植』信山社出版、一九九四
（4）林成之『脳低温療法—重症脳症外患者の新しい集中治療法』総合医学社、二三頁、一九九五

第8章

(1) 世界保健機関編『がんの痛みからの解放とパリアティブ・ケア』金原出版、一九九三
(2) 武田文和、斎藤武監訳『緩和ケア実践マニュアル』医学書院、一九九六
(3) 清水哲郎『医療現場に臨む哲学』勁草書房、一九九七
(4) 淀川キリスト教病院ホスピス編『ターミナルケアマニュアル』第三版、最新医学社、一九九七
(5) 山脇成人監修、内富庸介編『サイコオンコロジー がん医療における心の医学』診療新社、一九九七
(6) 日本緩和医療学会監修『緩和医療学』三輪書店、一九九七
(7) ネッサ・コイル、ロビン・グリーン『がん患者のＱＯＬと緩和ケア』照林社、一九九八
(8) Margaret Roibbns: Evaluating Palliative Care, Oxford University Press, 1998.
(9) Jimmie C. Holland ed.: Psycho-oncology, Oxford University Press, 1998.
(10) Neil MacDonald: Palliative Medicine a cace-based manual, Oxford University Press, 1998.
(11) 刀禰俊雄、北野実『現代の生命保険』東京大学出版会、一九九五
(12) 伊藤道哉「終末期におけるスピリチュアルな領域と宗教—研究動向をもとに」『緩和医療学』第四巻一号、一三〜二二頁、二〇〇二

第9章

(1) 町野朔他編『安楽死 尊厳死 末期医療』信山社、一九九七
(2) 星野一正『わたしの生命はだれのもの—尊厳死と安楽死と慈悲殺と』大蔵省印刷局、一九九七
(3) ベルト・カイゼル『死を求める人びと』角川春樹事務所、一九九八
(4) Committee on Care at the end of Life: Approaching Death, Improving at the end of life, National Academy Press, 1997.
(5) Linda L. Emanuel: Regulating How We Die, Harvard University Press, 1998.

（6）「河北新報」二〇〇一年四月一一日夕刊
（7）Kenneth R. Stevens, Jr., M.D., FACR, Emotional and Psychological Effects of Physician-Assisted Suicide and Euthanasia on Participating Physicians, Volume 21 Issues in Law & Med, 187, 2006.
（8）Renee S. Katz: “When Professionals Weep: Emotional And Countertransference Responses in End-of-life Care (Series in Death, Dying, and Bereavement (Paperback))” , Brunner-Routledge; 1st ed. 2006/04.
（9）Rietjens, J. A. C. et al: Terminal sedation and euthanasia. Arch Intern Med, 166 : 749–753, 2006
（10）Anchalee Rueland, Patientenverfuegung. Mein Wille geschehe. Aerztliche Beratung ist gefragt. Die Krankenkassen zahlen dafuer nicht. In: Rheinischer Merkur Nr. 35, 27.08.2009.
（11）伊藤博明、板井孝壱郎、伊藤道哉、稲葉一人、今井尚志、大隅悦子、荻野美恵子、難波玲子「筋萎縮性側索硬化症患者の意向の尊重とケアに関する研究」より抜粋引用。http://www.zaitakuiryo-yuumizaidan.com/data/file/data1_20110930042643.pdf

第10章

（1）内閣官房　低線量被ばくのリスク管理に関するワーキンググループ「低線量被ばくのリスク管理に関するワーキンググループ報告書」（平成二三年一二月二二日）より抜粋。http://www.aec.go.jp/jicst/NC/iinkai/teirei/siryo2012/siryo02/siryo1-3.pdf
（2）http://www.nichibenren.or.jp/activity/document/statement/year/2012/120113_2.html

あとがき

（1）http://apple-products-fan.seesaa.net/upload/detail/image/CapturFiles_1-b8bdd-thumbnail2.jpg.html
（2）Caleb Melby, Forbes LLC, JESS3 : The Zen of Steve Jobs, Wiley, 2012.

ま 行

や 行

ら 行

わ 行

た　行

な　行

は　行

さ 行

索　　引

あ　行

か　行

生命と医療の倫理学 第2版〈現代社会の倫理を考える・第2巻〉

平成25年4月30日 発 行
令和5年2月25日 第4刷発行

著作者 伊 藤 道 哉

発行者 池 田 和 博

発行所 丸善出版株式会社
〒101-0051 東京都千代田区神田神保町二丁目17番
編集：電話(03)3512-3264／FAX(03)3512-3272
営業：電話(03)3512-3256／FAX(03)3512-3270
https://www.maruzen-publishing.co.jp

組版／日経印刷株式会社
印刷・製本／大日本印刷株式会社

ISBN 978-4-621-30510-2 C1312 Printed in Japan

〈現代社会の倫理を考える〉刊行にあたって

現代の特徴は、戦争とかテロリズムとかの例外的な危険に対しても、それを予見し、対処の姿勢を決めておかなくてはならないという点にある。個人の生死にかかわる問題でも、企業の責任にかかわる問題でも、予見と対処の必要が新たに発生する場面を多くむかえている。

純粋に私的な領域がタコツボとして社会的な影響の及ぶ範囲から隔離されていないで、個人が世界に向けてインターネットで情報を発信することもできるというように、公私の分かれ目が転換してきているからである。

二一世紀は大きな転換の時代である。人口も生産や消費の量も廃棄物も、すべて人類史の最大という記録は、二一世紀に最大のピークを迎えて、ふたたび下降に向かうと予測されている。

行動の指針として、釈迦やイエスのような聖人の教えや、永い生活の知恵を煮詰めた伝統や、自然の摂理や、東洋の英知や、ふり返ってみるべき原点も多々あろうが、そのまえに生活の領域ごとで起こっている倫理問題を現代の目で整理し、当面、有効な指針を明確にしておかなくてはならない。そこから人類の新しい社会規範や好ましい習慣形成などの地平がみえてくるであろう。

加藤尚武
立花　隆